Stefan Kaiser

KIDS KREATIV

basteln, malen, bauen, kleben mit 8- bis 12-Jährigen

WEIHNACHTLICHES AUS MÜLL

BORN-VERLAG

Die Autoren

Stefan Kaiser ist Jugendbildungsreferent im EC-Landesjugendverband Hessen-Nassau in Neukirchen/Knüll. Er leitet die Geschicke im Landesverband und versteht es, neue, kreative und ungewöhnliche Konzeptionen für die Kinder- und Jugendarbeit zu entwickeln.
Stefan ist 36 Jahre alt, verheiratet mit Judith und hat vier Kinder zwischen ein und zehn Jahren. Zu seinen Leidenschaften gehört die kreative Arbeit mit Kindern. Er liebt es, mit Kindern Musik zu machen und mit ihnen zu werkeln und zu basteln. Zu einer seiner Aufgaben im Verband gehört es, die FSJler zu betreuen und sie mit ungewöhnlichen Aufgaben zu „quälen".

Wilhelm Dolle kommt aus dem EC Bad Wildungen und hat sein Freiwilliges Soziales Jahr im EC-Landesjugendverband Hessen-Nassau gemacht. Wilhelm ist 22 Jahre alt. Im Leben vor dem FSJ hat er nach dem Abitur eine Ausbildung zum Fotografen gemacht und zwei Semester Mathematik und Religion auf Lehramt studiert. Zu seinen Hobbys gehört Illustrieren, Comiczeichnen, Fotografieren und Bildbearbeitung.
Das FSJ beim EC ist sehr vielseitig: Man ist in die Planung großer Camps und Jugendfreizeiten involviert, betreut die örtlichen Jugend- und Teenkreise, gestaltet Flyer, baut Spielgeräte und wird sogar gebeten, Fotos und Illustrationen für ein Bastelbuch zu machen.

Impressum

Umschlag: Andreas Frick, ArtFactory, Marburg, www.art-factory.info
Satz: **BORN**-VERLAG / Claudia Siebert, Kassel
Druck: AALEXX, Großburgwedel

ISBN 978-3-87092-454-6
Bestellnr. 182.454

Unser Verlagsprogramm mit Medien für Mitarbeiter im Internet:
www.bornverlag.de.

INHALTSVERZEICHNIS

Einleitung: Müll – etwas ganz Normales! Seite 4
Input: Die müllverseuchte Erde und ein genialer Rettungsversuch Seite 5
Kompass durch dieses Buch Seite 7

Weihnachtsbaumschmuck Seite 9
Engelchen Seite 10
Tetrapaksterne Seite 13
Eisstielsterne Seite 16
Eisstieltannenbaum Seite 18
Kupferdrahtornamente Seite 21

Dekoratives Seite 25
Weihnachtslaterne Seite 26
Krippe Seite 29
Fensterschmuck Seite 32
Serviettenringe Seite 36

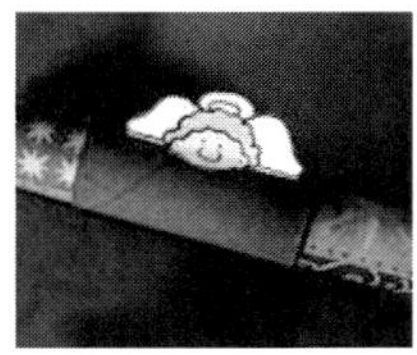

Geschenke und kleine Aufmerksamkeiten Seite 39
Geschenkbox Seite 40
Schneemann Seite 43
Weihnachtslesezeichen Seite 47
Weihnachtsmemory Seite 51
Geschicklichkeitsspiel Seite 60
Nikolausstiefel Seite 63

Adventskalender Seite 67
Adventspuzzle Seite 68
Schubladenadventskalender Seite 76

Müll – etwas ganz normales!

Wir leben mit Müll, das ist ganz normal bei uns und nichts Besonderes! Jeder Deutsche produziert etwa 580 Kilogramm Müll im Jahr. Trotzdem ist es für uns nicht ungewöhnlich, dass wir uns, wenn wir den Müll herausbringen, mit keinem Gedanken daran erinnern, wie der Müll entstanden ist und wohin er eigentlich geht. Müll gehört zu unserem Alltag.

Dennoch sollte es unsere Motivation sein, mit unseren Ressourcen verantwortungsbewusst umzugehen. Der Auftrag an uns Menschen ist, die uns von Gott anvertraute Schöpfung zu pflegen und zu bewahren!

In diesem Buch wollen wir Müll einen besonderen Wert zukommen lassen: Wir basteln mit Dingen, die wir oder andere wegwerfen, und geben dem Müll damit einen ganz neuen Wert.

Gerade Weihnachten ist eine Zeit, in der wir viel geschenkt bekommen und in der viel Verpackungsmüll entsteht. Nicht selten landen auch die Geschenke selbst als „Wegwerfartikel“ im Mülleimer.

Warum in diesem Jahr dem Freundeskreis oder der Verwandtschaft einmal keine teuren Geschenke kaufen, sondern ihnen selbstgebastelte, mit einer persönlichen Note ausgestattete und mit viel Liebe hergestellte Geschenke machen? Vielleicht mit der Motivation, dass man das Geld, das man für Geschenke ausgegeben hätte, in ein Land zu geben, in denen Menschen von Müll leben müssen.

Also: Ich lade euch ein, mit mir zu basteln und viel Freude und Spaß dabei zu haben! Und ich lade euch ein, das Basteln mit Müll weiterzuführen und eigene Ideen zu entwickeln!

Euer Stefan

DIE MÜLLVERSEUCHTE ERDE UND EIN GENIALER RETTUNGSVERSUCH

Wo man nur hinschaut ist Müll, Müll und nochmals Müll:
Auf dem Weg aus unserem Haus komme ich an der Mülltonne vorbei, sie quillt wieder über.
Ich steige ins Auto und stelle fest, dass meine Kinder wieder die Verpackungen der Schokoriegel einfach auf den Boden fallen gelassen haben.
Ich fahre auf die Landstraße und sehe, dass jemand in einem Feldweg Sperrmüll abgeladen hat.
Ich halte an einem Rastplatz an und merke, dass es unangenehm nach Müll riecht.

Ich könnte dies nun weiter beschreiben, wollte jedoch eigentlich nur deutlich machen, dass wir trotz unseres fortschrittlichen Landes, in dem Müll nahezu perfekt gesammelt, sortiert und wiederverwertet wird, stetig Müll begegnen werden - eine „Endlösung“ gibt es nicht.

Die Bibel zeigt uns eine Geschichte auf, die im tiefsten Grunde eine durchgehende Geschichte von Müll ist. Müll, den Menschen im Miteinander produzieren, indem sie sich gegenseitig seelisch oder körperlich verletzen, sich belügen, sich beklauen und vieles mehr. Die Bibel nennt diesen Müll Sünde. Obwohl die Menschen versucht haben, einiges gegen diesen Müll zu tun, sind sie gescheitert: von sich aus gibt es keinen Lösungsweg.
Das war kein von Gott vorgesehener Plan, er hatte sich einen „müllfreien Planeten“ gewünscht, und damit meine ich beides: den materiellen und den menschlichen Müll.

Manchmal denke ich, dass Gott seine einst so liebevoll kreierte Welt vom Universum aus anschaut und sieht und riecht, wie sie im Müll erstickt. Mir kommt der Gedanke, dass sich kein vernünftiger Gott der Erde nur auf hundert Lichtjahre Entfernung nähern, sondern eher in Quarantäne stecken würde. Klar, er hätte sagen können: „Okay, soll sie doch in ihrem Müll da unten ersticken, ich hab’s anders gewollt!“

Gott hätte das tun können, aber er tat es nicht. Er tat es eben nicht, weil er vor Liebe für uns Menschen nur so strotzt! Seine Liebe war das Rezept gegen den Müll dieser Erde!

Das, was wir Weihnachten nennen, mit feinen Kleidern unterm Weihnachtsbaum, mit tollen und schön verpackten Geschenken auf dem Gabentisch, mit den festlich dekorierten Straßen und Schaufenstern, mit den schönen Gottesdiensten in unseren Kirchen ist eigentlich das Fest des Sieges über den Müll und Dreck unseres Lebens, unserer Erde.

Damals war es nicht so festlich wie heute! Damals war es der Sohn Gottes, der in den Müll dieser Erde geschickt worden war. Er ging in ärmliche Verhältnisse, in eine verstaubte Scheune. Jesus ist kein Grünschnabel, er war sich nicht zu schade, er wurde einer von uns! Ein König zog seine feinen Kleider aus, legte seinen himmlischen Reichtum ab und begab sich in die Kontaminierung dieser Erde.

Denn also hat Gott die Welt geliebt, dass er seinen eingeborenen Sohn gab, auf dass jeder, der an ihn glaubt, nicht verloren gehe, sondern ewiges Leben habe (Johannes 3,16).

Jesu ganzes Leben war Zeugnis dafür, dass er keine Scheu hatte, sich mit dem unansehnlichen Müll dieser Erde zu beschäftigen. Das Leben Jesu auf dieser Erde endete damit, dass er diesen Müll von uns Menschen auf der Mülldeponie von Golgatha abnahm. Seitdem haben die Menschen die Möglichkeit, ihren Lebensmüll abzugeben, beseitigen zu lassen und einen Neuanfang zu wagen. Seitdem haben die Menschen wieder die Möglichkeit, trotz Müll zu ihrem Gott zurückzukommen.

Wie siehst du Weihnachten?
Hast du Weihnachten schon einmal unter diesem „Müll-Aspekt“ gesehen?
Weihnachten ist ein ganz besonderes Fest über den Rettungsplan Gottes für unser Leben.

Mit den hier im Buch beschriebenen Bastelideen für Weihnachten können wir eine kreative Form für die Wiederverwertung von Müll anwenden. Das ist zwar nett und interessant, aber be-seitigen können wir ihn damit nicht.

Kommt her zu mir, alle, die ihr mühselig und beladen seid; ich will euch erquicken (Matthäus 11,28).

Bei Jesus kannst du deinen Müll, der dich belastet, loswerden, und zwar endgültig. Vielleicht kannst du dieses Jahr Weihnachten dafür nutzen, um den Ballast deines Lebens loszuwerden.

Gesegnete Weihnachten!

KOMPASS DURCH DIESES BUCH

Dieses Buch ist in vier Kapitel gegliedert:
- Weihnachtsbaumschmuck
- Dekoratives
- Geschenke und kleine Aufmerksamkeiten
- Adventskalender

Jedes der Kapitel hat verschiedene Vorschläge für Bastelarbeiten. Alle Bastelanleitungen werden in einzelnen Schritten und Fotos beschrieben. Zu Beginn jeder Bastelanleitung werden kurze Infos für die Anleitungen gegeben. Generell ist an den Seiten ein Rand gelassen, damit man eigene Notizen aufschreiben kann.

Rechts findest du die Erklärung der einzelnen Symbole!

Schwierigkeit: leicht, mittel, schwer

Zeitbedarf

Materialien und Werkzeug

Kosten der Materialien

weitere Ideen für deine Kreativität

Bastelmaterialien

90% aller benötigten Materialien in diesem Buch sind aus dem Müll. Scheue dich nicht, mal in die Mülltonne zu schauen, um geeignete Bastelmaterialien zu finden! Noch besser ist es, wenn du schon eine Verwendung für den Müll findest, bevor er im Abfalleimer landet, und ihn zur Seite legen kannst.
Tipp: Hebe dir zwei oder drei Schuhkartons auf, um darin bestimmte Wegwerfmaterialien zu sammeln.

Sammle zum Beispiel **besondere Papiere und Pappen**:
- Dekorationspapiere aus Pralinenschachteln
- Pappeinlagen in Verpackungen
- dickeres Papier aus Grußkarten (unbeschrieben, unbedruckt)
- Folien aus Werbesendungen
- wertvolles Papier aus weggeworfenen Präsentationsmappen
- altes Geschenkpapier usw.

Sammle **Bilder**, die du zum Verzieren, Bekleben und Dekorieren deiner Bastelarbeiten einsetzen kannst. Schneide sie aus:
- Wurfsendungen aus dem Briefkasten

- aus Katalogen
- aus Prospekten
- aus Flyern usw.

Sammle zum Beispiel **Verpackungsmaterialien**, mit denen Verkaufsartikel transportiert werden:
- Kartonagen (z.B. Eierkarton)
- Styroporschnipsel
- Wellpappe
- Luftpolster usw.

Die restlichen Materialien aus diesem Buch kannst du in jedem Bastelgeschäft oder Baumarkt für kleines Geld erwerben oder du hast noch diverse Reste bei dir zu Hause verfügbar.

Werkzeug

Folgendes Werkzeug solltest du zum Basteln verfügbar haben:

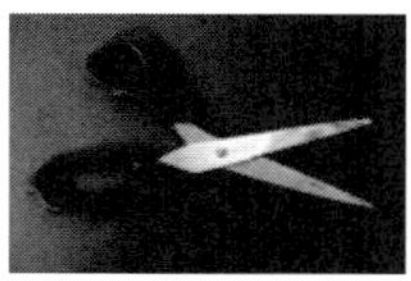
Schere

Spitzzange

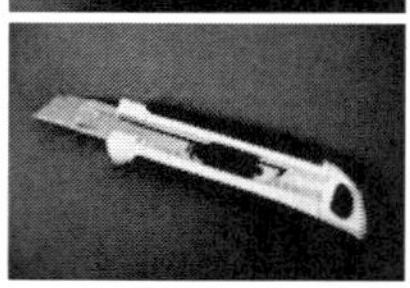
Cutter

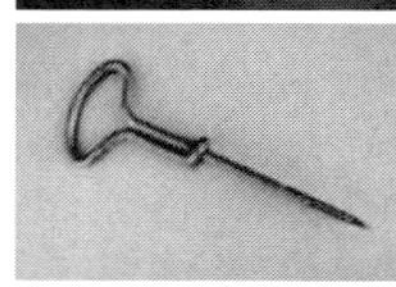
Handbohrer

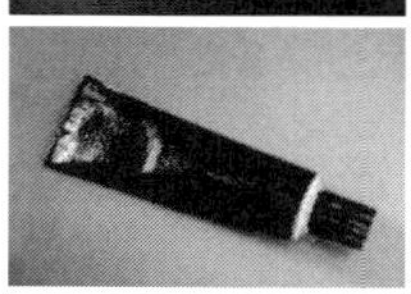
Flüssigkleber

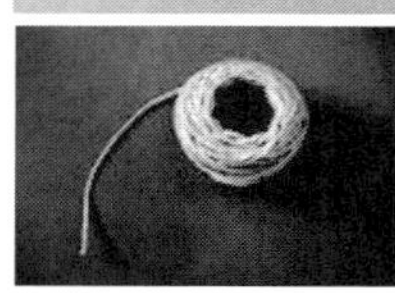
Paketschnur

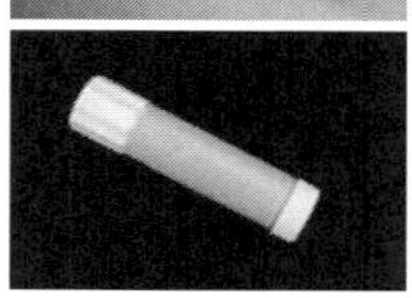
Klebestift

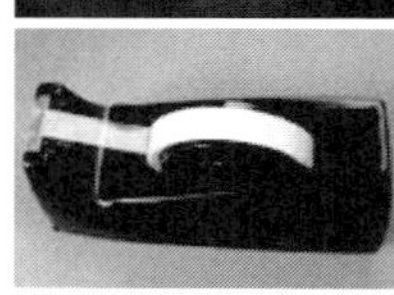
Tesafilm

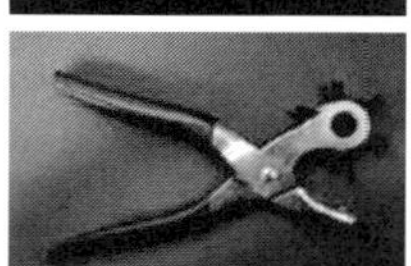
Lochzange

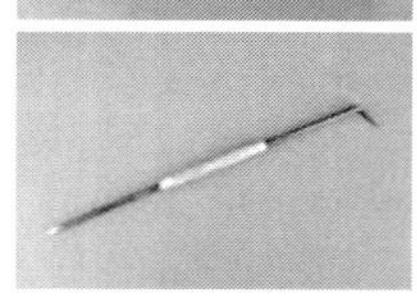
Reißnadel

So, wenn du jetzt alles an Material und Werkzeug beisammen hast, kann's losgehen!

Viel Spaß!

Außerdem benötigst du: Lineal, Bleistift, Spitzer, Radiergummi, Malstifte und wasserfeste schwarze Stifte (verschiedene Größen)

WEIHNACHTSBAUM-SCHMUCK

Wer würde schon freiwillig seinen Weihnachtsbaum
mit Müll schmücken?
Wir - aber natürlich nicht in seiner Rohform!

Man kann aus verschiedenen Dingen aus dem Alltagsmüll
ganz tollen Schmuck herstellen.
Warum nicht mal zur Abwechslung zum Vorjahr statt des
fernöstlich hergestellten und kitschig anmutenden Schmucks
den eigenen, ganz persönlich hergestellten Weihnachtsschmuck aufhängen?

ENGELCHEN

Ein klassisches Schmuckstück für den Weihnachtsbaum

leicht

ca. 15 - 30 Min.

ein kleiner Joghurtbecher
weiße Dispersionsfarbe
Paketschnur
Bindfaden
dünner wasserfester Stift (schwarz)
weißes Papier (120 g)
alter Tischtennisball
1 Streichholz
Cutter
Schere
Flüssigkleber
Reißnadel

Müll = keine Kosten!
unter 1 Euro für Farbe, Tonpapier, Paketschnur usw.

Step by Step - so geht's

1. Organisiere einen kleinen Joghurtbecher. Streiche den Becher mit weißer Dispersionsfarbe und lass ihn gut austrocknen.

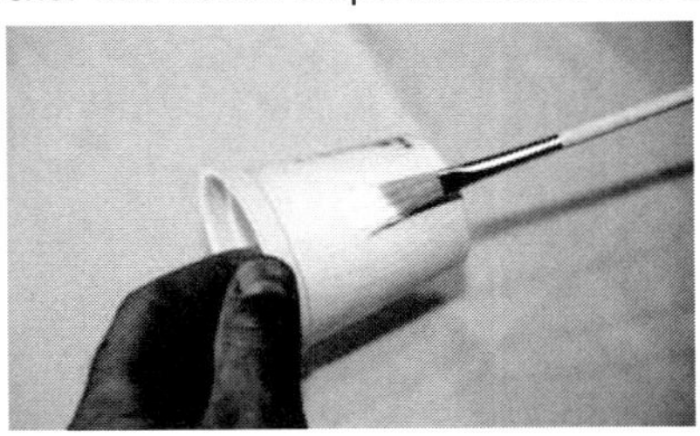

2. Kopiere dir die Flügel von der Kopiervorlage (Seite 12) auf etwas dickeres weißes Papier (120 g) und schneide sie aus.

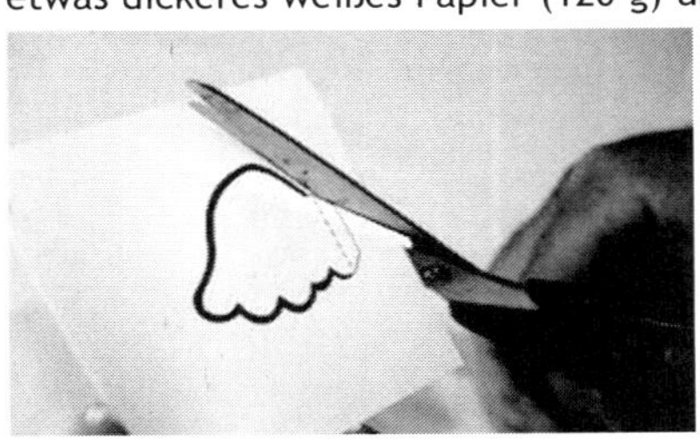

3. Als Nächstes klebst du die Flügel seitlich an den Joghurtbecher.

Was hältst du von einem Engelchen-Mobile?

4. Kommen wir zum Gesicht: Male dem Engelchen ein nettes Gesicht. Anschließend klebe den Kopf (Tischtennisball) oben auf den Joghurtbecher.

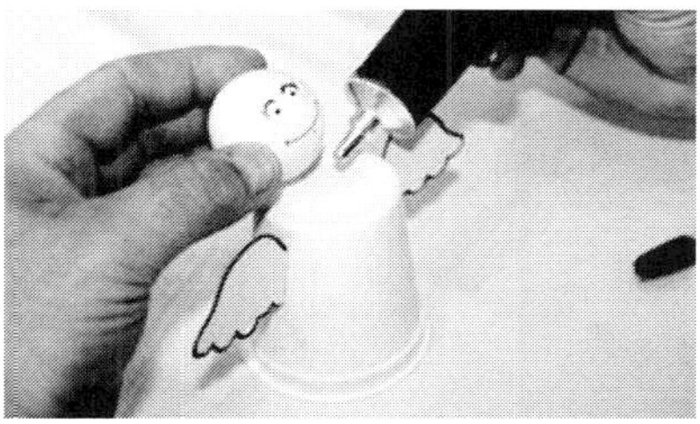

5. Mit der Paketschnur kannst du dem Engelchen die Haare gestalten. Ziehe von der Stirn bis zum Hinterkopf eine Kleberspur und lege eine Paketschnur nach der anderen über den Kopf.

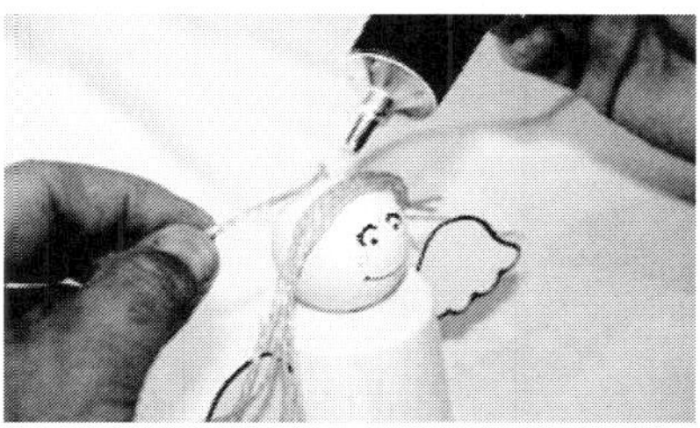

Die Haare können dann später zu zwei seitlichen Zöpfen zusammengebunden werden.

6. Zuletzt kannst du den Bindfaden am Kopf befestigen. Am geschicktesten ist es, wenn du den Bindfaden um ein Streichholz knotest und in ein mit einer Reißnadel vorbereitete Loch steckst.

TETRAPAKSTERNE

**Sterne für den Weihnachtsbaum
oder für Geschenkverpackungen**

leicht

ca. 15 Min.

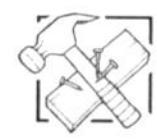

Tetrapak (alle Größen)
Bindfaden
Bleistift
Cutter
Schere
Klebestift
Lochzange

Müll = keine Kosten!
unter 1 Euro für den Bindfaden

Step by Step - so geht's

1. Besorge dir verschiedene Tetrapaks oder nimm die Reste anderer Bastelarbeiten mit Tetrapaks. Schneide mit dem Cutter oder der Schere die Packungen so auf, dass du viel Fläche gewinnst.

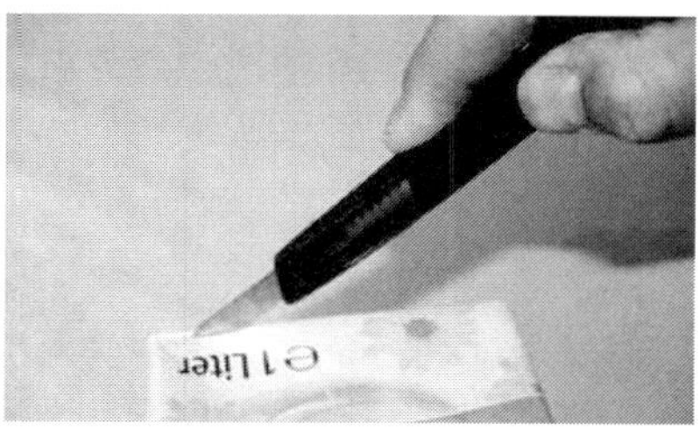

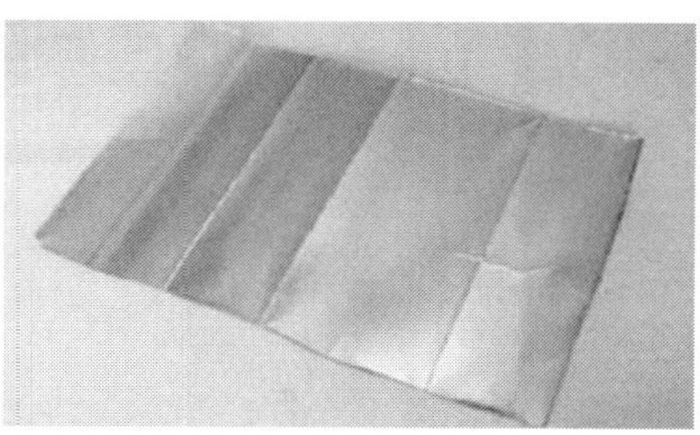

2. Kopiere dir einen Stern (Seite 15) als Schablone, schneide ihn aus und zeichne ihn anschließend zweimal auf die Tetrapappe.

Die Sterne kannst du zum Dekorieren nutzen, z.B. für Geschenkverpackungen. Du kannst die Sterne auch verdreht mehrfach hintereinander kleben, das verstärkt den Effekt! Aus mehreren Sternen, Bindfaden und Schaschlikspießen lässt sich ein tolles Mobile herstellen.

3. Dann schneidest du beide Sterne mit der Schere sauber aus.

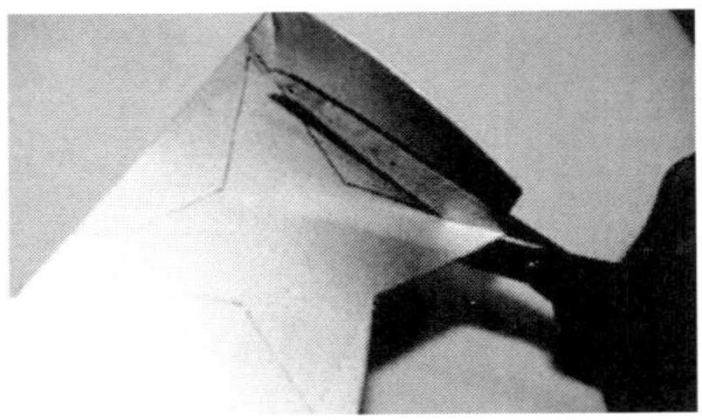

4. Nimm nun die beiden Sterne und klebe sie mit der bedruckten Seite zusammen. Die silberne Seite muss von außen zu sehen sein.

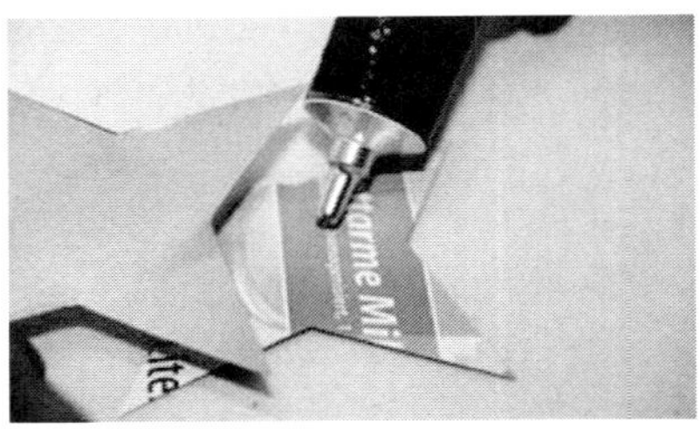

5. Mit der Lochzange machst du ein Loch an der Spitze eines Sternzackens. Dort kannst du dann einen Bindfaden einfädeln.

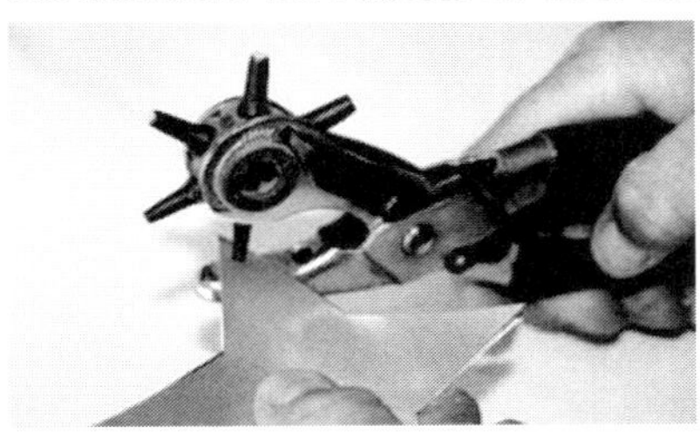

Vorlage Stern 1

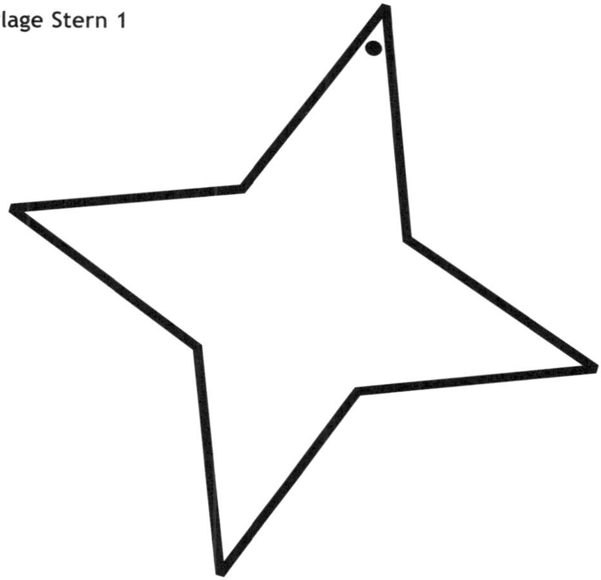

Vorlage Stern 2

EISSTIELSTERNE

**Und noch einmal Sterne für den Weihnachtsbaum,
aber diesmal rustikaler!**

leicht

ca. 15 Min.

Eisstiele
Bindfaden
Flüssigkleber

Müll = keine Kosten!
unter 1 Euro für den Bindfaden

Step by Step - so geht's

Sammle rechtzeitig alle möglichen Formen an Eisstielen! Wichtig ist, dass du immer die gleiche Form für einen Stern nutzt.

1. Lege dir zuerst zwei Dreiecke nebeneinander.

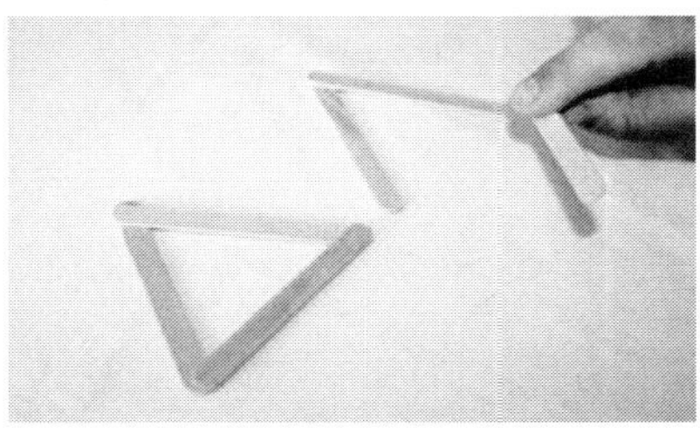

2. Nimm dir jetzt den Kleber zur Hand und klebe die Spitzen der Hölzer übereinander.
Dosiere den Kleber vorsichtig, sonst läuft er über die Ränder hinaus!

3. Sind die beiden Dreiecke getrocknet, kannst du sie übereinander schieben und an den Schnittpunkten miteinander verkleben. Fertig ist der Stern!

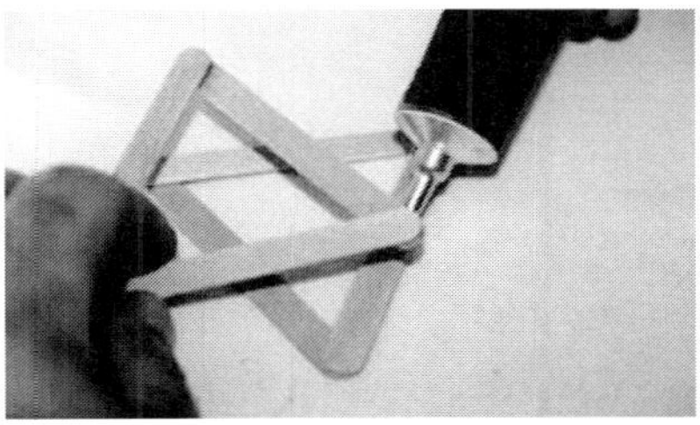

4. Zuletzt führst du den Bindfaden durch eine der Spitzen und verknotest ihn.

Du kannst natürlich auch deine ganz frei kreierte Sternform gestalten!
Wenn dir das blanke Holz nicht gefällt, kannst du es farbig anmalen.
Toll würde der Stern auch aussehen, wenn du eine der Figuren von Seite 49/50 (Weihnachtslesezeichen) auf den Stern klebst.

EISSTIELTANNENBAUM

Einen Mini-Deko-Tannenbaum für den Weihnachtsbaum!

leicht

ca. 15 Min.

Eisstiele
Bindfaden
grünes
Papier/Pergamentpapier/Transparentpapier
Lochzange
Flüssigkleber
Klebestift

Müll = keine Kosten!
unter 1 Euro für
Papier, Bindfaden usw.

Step by Step - so geht's

Sicherlich hast du noch Eisstiele übrig - zu schade, um sie wegzuwerfen! Hier noch eine Idee für den Weihnachtsbaumschmuck:

1. Lege dir zuerst drei Dreiecke nebeneinander, alle mit der Spitze nach oben.

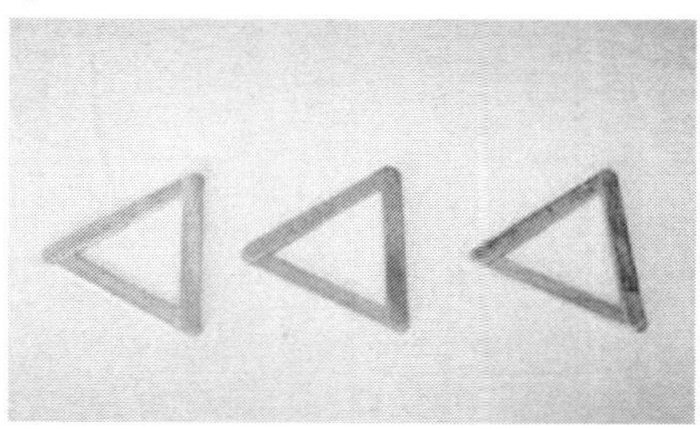

2. Jetzt benötigst du den Kleber, mit dem du die Spitzen der Hölzer übereinanderklebst.
Dosiere den Kleber vorsichtig, sonst läuft er über die Ränder hinaus!

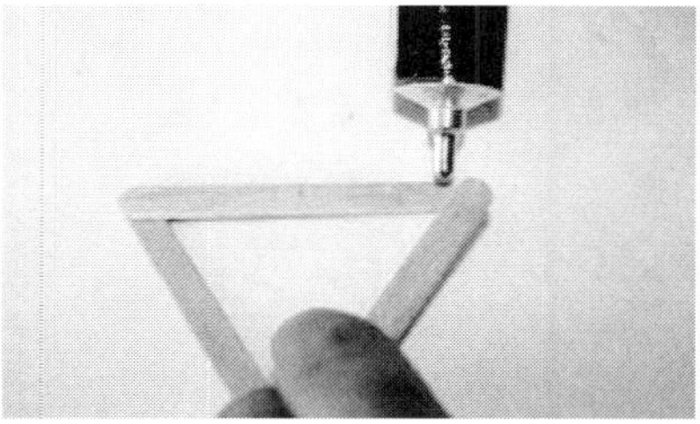

Du kannst den Tannenbaum mit ganz verschiedenen Grüntönen und Papiersorten hinterlegen.

3. Sind die Dreiecke getrocknet, kannst du von hinten grünes Papier, Pergamentpapier oder Transparentpapier dahinterkleben und das Überstehende abschneiden.

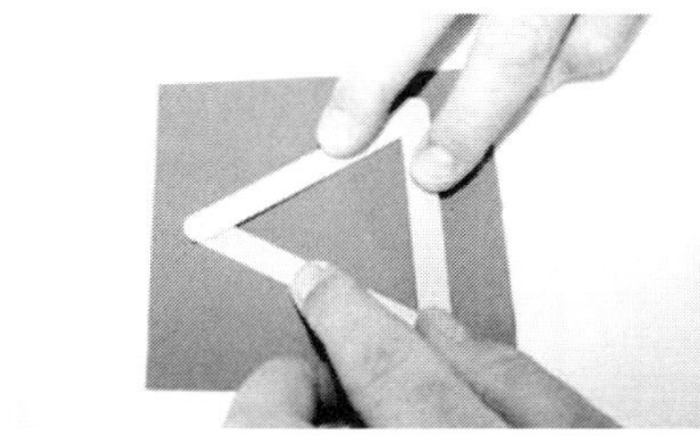

4. Schiebe die Dreiecke nun übereinander. Dabei schiebst du die Spitze des mittleren Dreiecks 2 bis 3 cm in die Mitte des oberen Dreiecks. An den Schnittpunkten verklebst du die Dreiecke miteinander. Mit dem unteren Dreieck verfährst du genauso.

5. Zuletzt bringst du mit der Lochzange ein Loch in der Spitze des Baumes an, durch das du dann den Bindfaden fädeln und verknoten kannst.

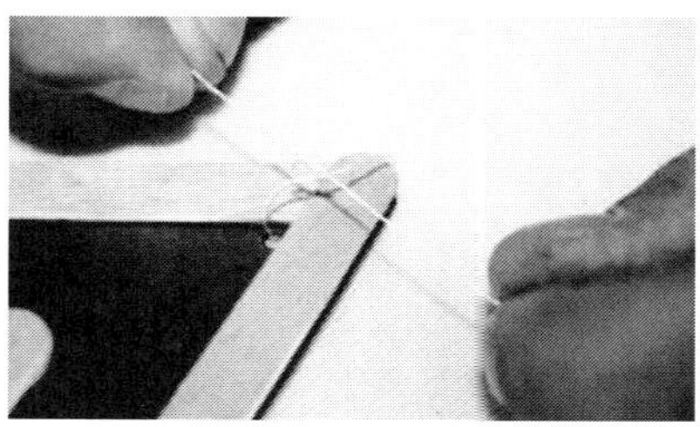

KUPFERDRAHT-ORNAMENTE

Was man aus alten Stromkabeln noch alles machen kann...

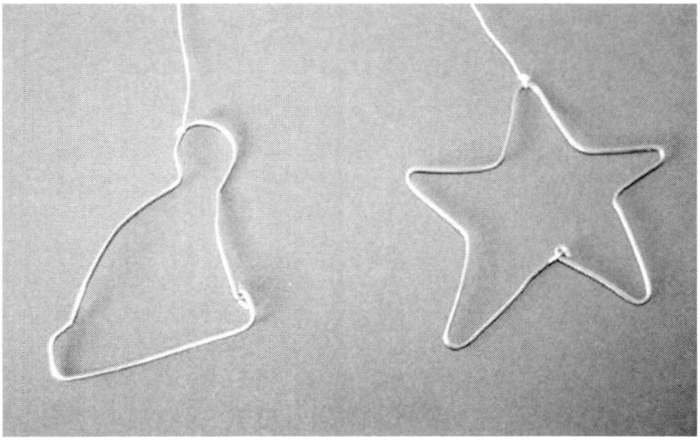

mittel bis schwer

ca. 30 - 45 Min.

alte steife Stromkabel oder Kabelreste
Bindfaden
Spitzzange
Cutter

Müll = keine Kosten!
unter 1 Euro für den Bindfaden

Step by Step - so geht's

Sicherlich hast du schon einmal gesehen, dass auf Baustellen oder Wohnungsrenovierungen jede Menge Kabelreste anfallen. Vielleicht kannst du sie dir ergattern! Wichtig ist, dass es steife Verlegekabel sind! Vielleicht hebt der Elektriker um die Ecke dir ein paar Kabel auch auf!

1. Zu Beginn entmantle jeweils 50 cm lange Kabelstücke. Nimm dazu einen Cutter, den du schräg über den Mantel des Kabels (von dir weg!) entlangziehst.

Achtung: Verletzungsgefahr durch den Cutter!

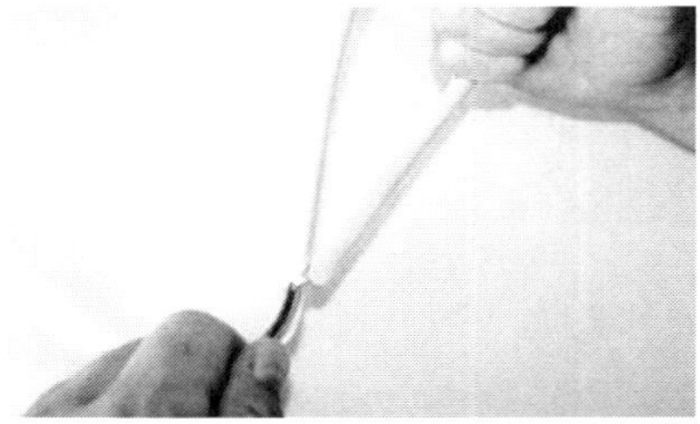

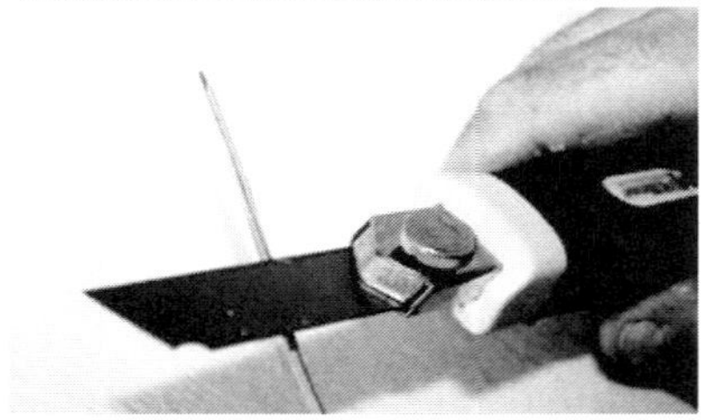

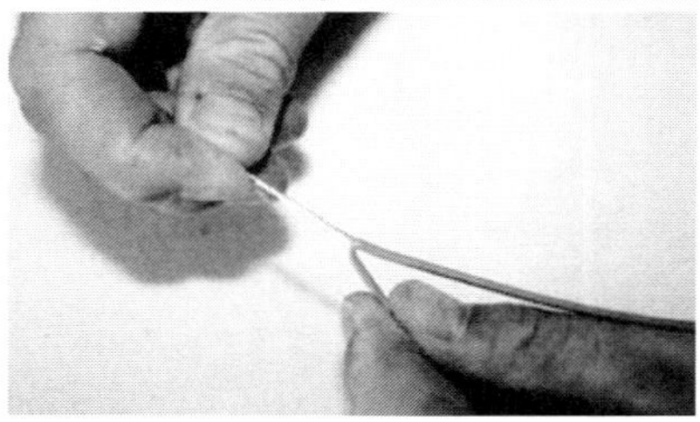

Lass dir auch eigene Motive einfallen! Experimentiere einfach ein wenig herum.
Du kannst zur farbigen Abwechslung auch Metallkleiderbügel aus der Wäscherei oder Reinigung nehmen.
Die Ornamente eignen sich auch toll als Geschenkanhänger.

2. Danach nimm die Spitzzange, um nach der Vorlage den Kupferdraht zu biegen. Biege die beiden Enden und drücke sie fest übereinander.

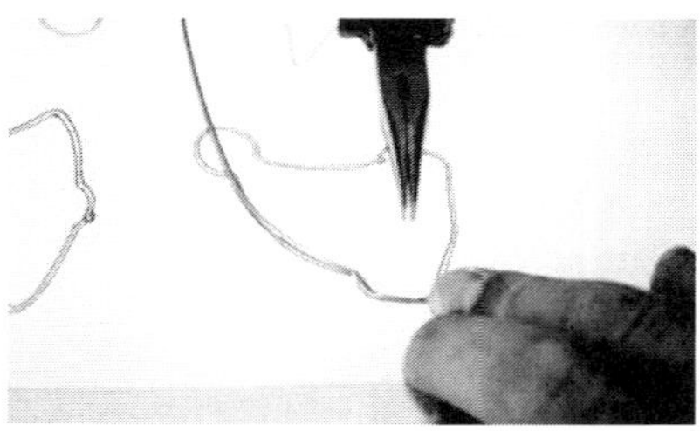

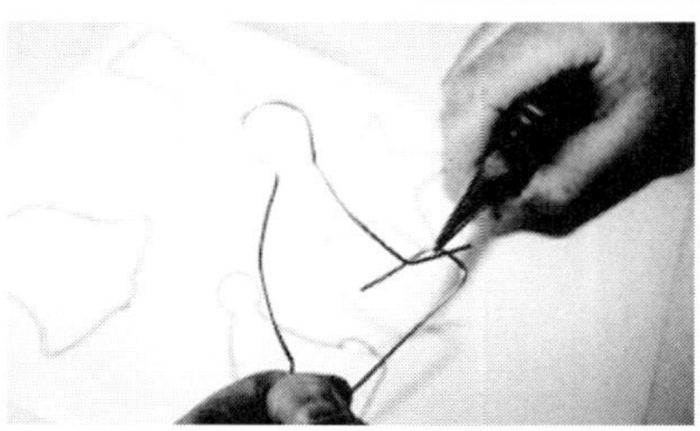

3. Binde nun einen Bindfaden oben an das Ornament. Jetzt kannst du das Gebastelte an den Weihnachtsbaum hängen. Du wirst merken, wie toll das Metall glänzt und im Kerzenlicht funkelt.

Vorlagen

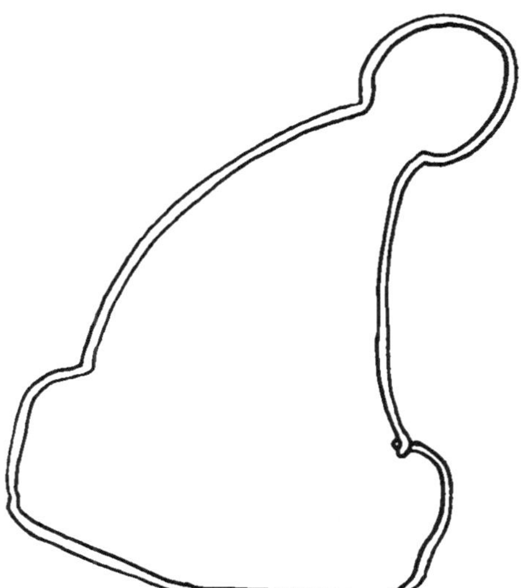

DEKORATIVES

Weihnachten ohne Kerzen, ohne Adventskranz
und ohne Weihnachtssterne – das geht gar nicht!
Die Weihnachtszeit wäre nur halb so schön,
wenn um uns herum nicht festlich dekoriert wäre!

In diesem Kapitel wirst du eine Menge Anregungen finden,
um dein Zimmer, deine Wohnung oder deinen Arbeitsplatz
schön zu schmücken.

Und das für „lau“, für einen leeren Geldbeutel!
Denn - das ist das Tolle an Müll - es kostet nichts!

WEIHNACHTSLATERNE

Eine dekorative Laterne für den Geschenketisch oder die Fensterbank

leicht bis mittel

ca. 30 Min.

Kaaba- oder Ovomaltinedose
buntes Bastelpapier (vielleicht auch weggeworfenes Weihnachtskatalogpapier oder Geschenkpapier)
Transparentpapier (vielleicht auch altes Butterbrotpapier)
Teelicht
Blumendraht (vielleicht auch alten Metallkleiderbügel oder Kupferdraht aus Kabelresten)
Bleistift
Lineal
Cutter
Schere
Klebestift
Spitzzange
Lochzange

Müll = keine Kosten!
unter 1 Euro für Kerze, Papier und Draht

Step by Step - so geht's

1. Zeichne mit Hilfe eines Lineals und eines Bleistifts mehrere gleich große Rechtecke auf die Dose.

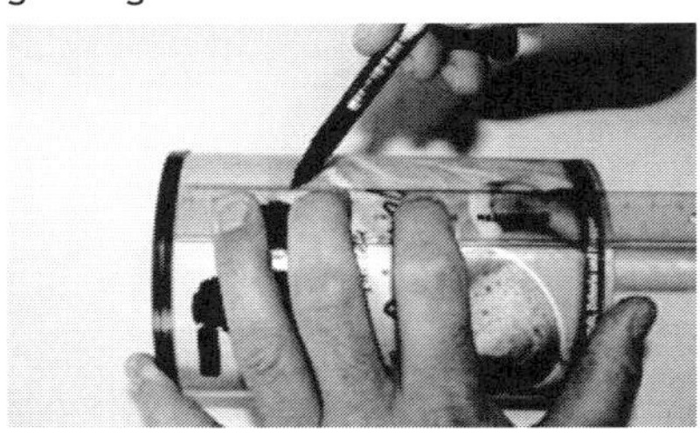

2. Schneide mit dem Cutter entlang der gezeichneten Linie die Rechtecke aus. Achte auf sauber geschnittene Linien!

Achtung: Verletzungsgefahr durch den Cutter!

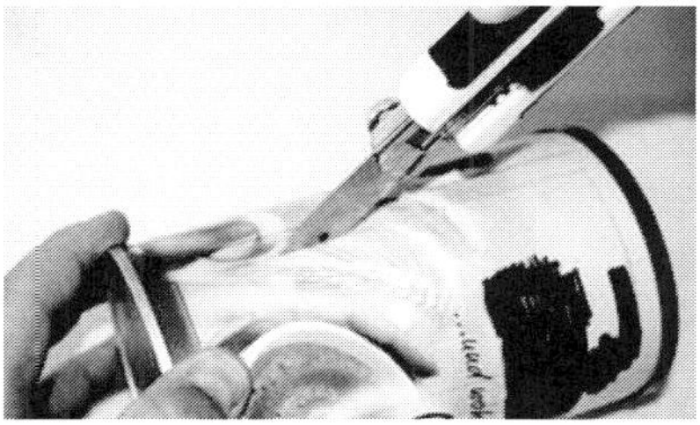

Anstatt ein einzelnes großes Fenster zu schneiden, probierst du mehrere kleine Fenster oder Figuren. Mehrere kleine Dosen können zusammen wie ein Mobile oder wie eine Lichterkette aufgehängt werden.

3. Nun nimm dir den Klebestift und beklebe die Dose von außen mit schönem weihnachtlichen Papier und versuche dabei, das Papier nach innen über die Ränder der Fenster zu stülpen, sodass es ordentliche Ränder gibt.

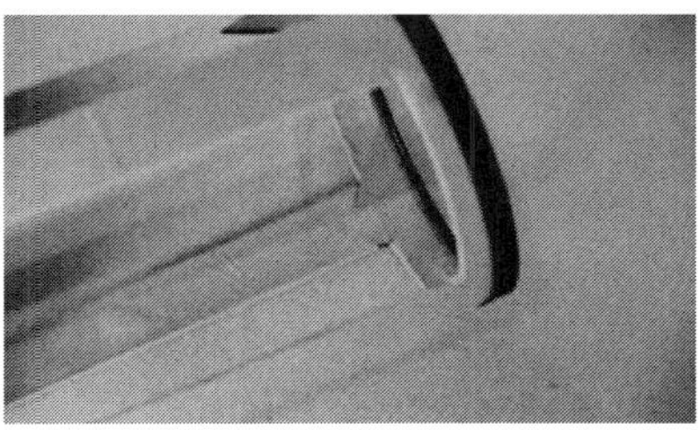

4. Wirf den Deckel nicht weg, sondern schneide mit dem Cutter die Innenfläche bis zum Rand aus. Damit wird die Laterne noch in sich stabiler!

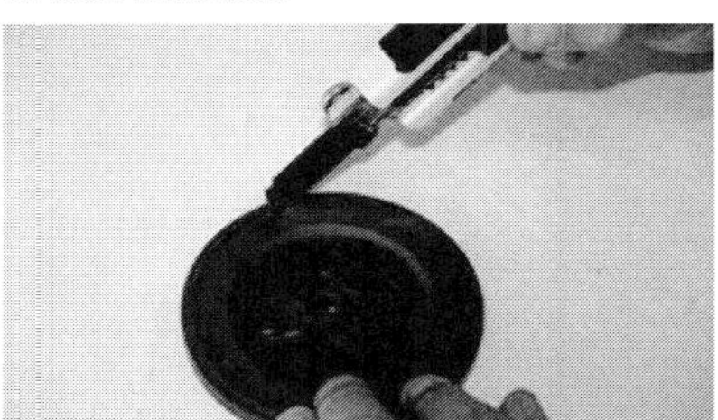

5. Klebe nun von hinten das Transparentpapier über die Rechtecke. Entweder als ganzes Stück oder in der Anzahl der Fenster, aber dann mit Übermaß!

6. Nimm jetzt die Lochzange zur Hand und bring zwei gegenüberliegende Löcher am oberen Rand an.

7. Forme mit der Spitzzange den Draht zu einem gebogenen Henkel und die Enden zu kleinen Haken. Diese führst du in die Löcher ein. Drücke nun die Enden (kleinen Haken) fest zusammen.

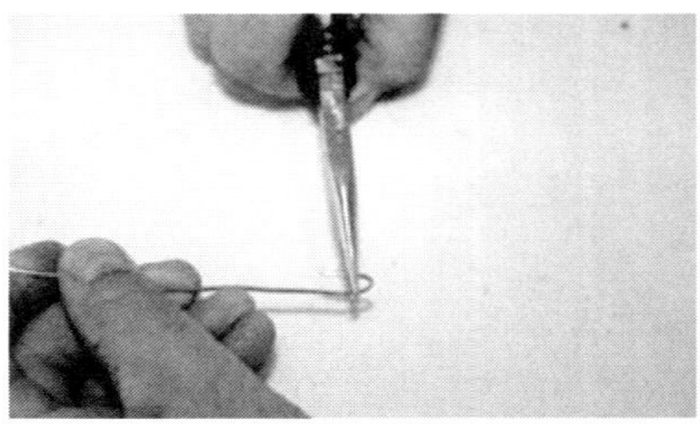

8. Zum Schluss kannst du noch das Teelicht auf dem Boden festkleben.

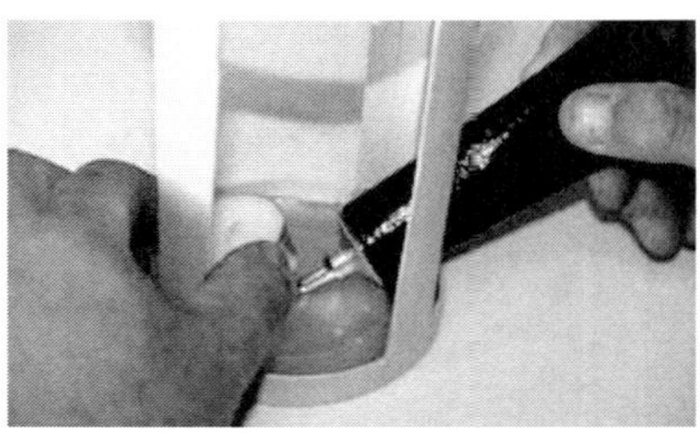

KRIPPE

Mit einer selbstgebastelten Krippe ist Weihnachten am schönsten!

Step by Step - so geht's

1. Fangen wir mit den drei Figuren an: Maria und Josef sowie ein Hirte.
Nimm dir die drei Überraschungseier zur Hand und klebe auf jedes Ei einen Tischtennisball. Halte den Ball eine Weile fest, bis der Kleber angezogen ist.

2. Sobald der Kleber getrocknet ist, kannst du mit wasserfesten Stiften Haare, Augen, Nase und Mund auf den Tischtennisball malen.
Gestalte die Gesichter am besten unterschiedlich mit verschiedenen Bärten, lachendem oder ernstem Ausdruck usw.

mittel

ca. 45 - 60 Min.

Überraschungseier
alte Tischtennisbälle
eine alte Murmel oder Knete = kleiner als die Tischtennisbälle
verschiedene Stoffreste
Äste von Sträuchern
Steine
Holzbrett 30 x 30cm
grüner Fotokarton
Paketschnur
Bindedraht
wasserfeste Stifte
Lineal
Schere
Cutter
Flüssigkleber

Müll = keine Kosten!
unter 2 Euro für Streichhölzer, Stoff, Farbe, Blumendraht usw.

Eine (schöne!) Fleiß-aufgabe ist es, wenn du noch weitere Hirten und sogar Schafe herstellst.

3. Nimm jetzt die verschiedenen Stoffreste zur Hand und schneide ein Stück in den Maßen 10 x 10 cm als Umhang für jede Figur aus. Lege den Figuren den Umhang um und binde ihnen eine Paketschnur als Gürtel um die Hüfte.

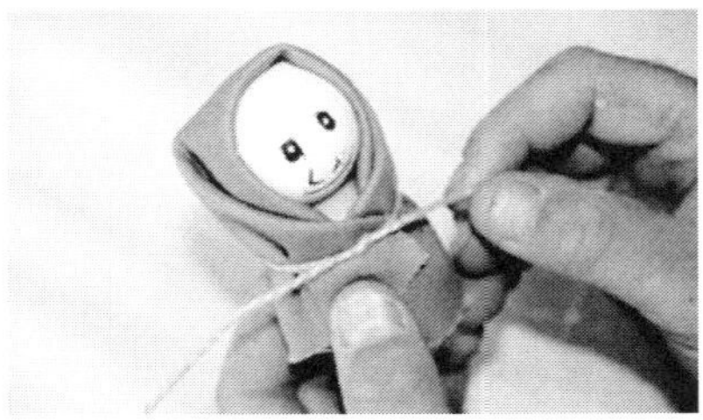

Dem Hirten kannst du ein Stück geschälten Ast in den Gürtel stecken.

4. Jetzt kommen wir zur Krippe mit dem Jesuskind. Schneide mit der Schere oder dem Cutter Äste von Sträuchern in verschiedene Längen. Versuche durch Zusammenlegen der Äste und mit Hilfe von Bindedraht zwei Kreuze und eine Liege anzufertigen.

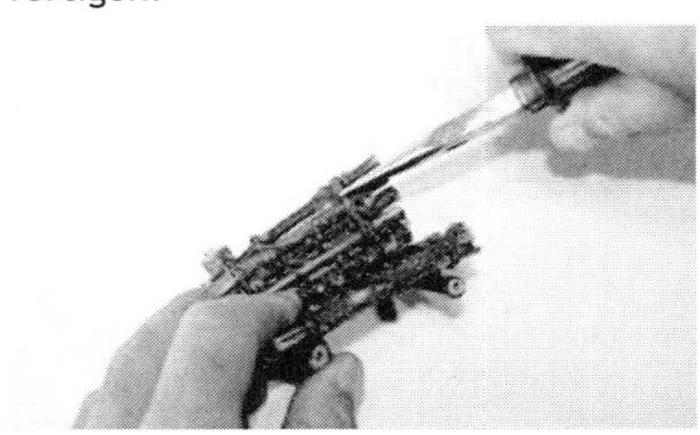

5. Rolle ein kleines Stück Stoff in den Maßen 3 x 10 cm zusammen und binde es mit Paketschnur zu.
Forme aus Knete eine Kugel oder nutze irgendeine weiße Kugel in der Größe einer Murmel. Male ein kindliches Gesicht drauf.

Danach klebe das Jesuskind oben auf die Krippe. Das Gesicht sollte leicht nach oben gedreht zum Betrachter schauen.

6. Beklebe nun das Holzbrett mit grünem Fotokarton und dekoriere es mit Steinen und Ästen (Tipp: Um einen Ast mit Blättern als Baum zu befestigen, ein kleines Loch in das Holzbrett bohren, etwas Kleber hineingeben und dann den Ast hineinstecken).

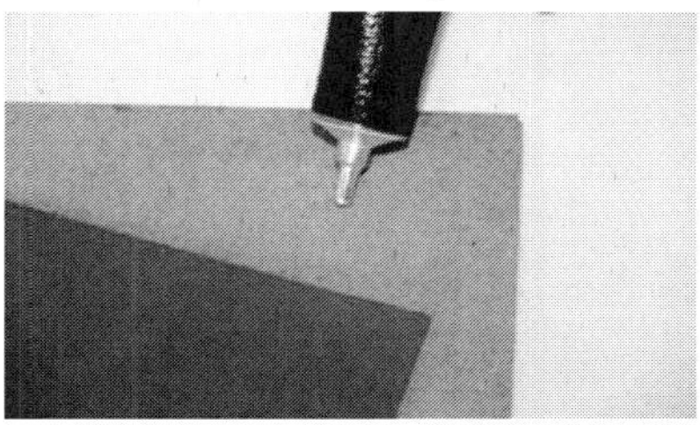

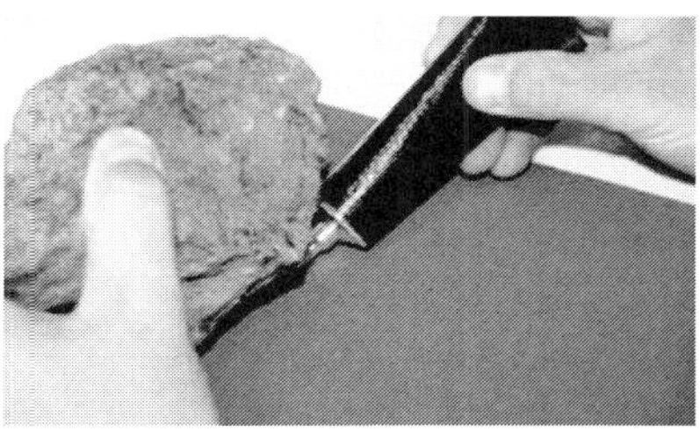

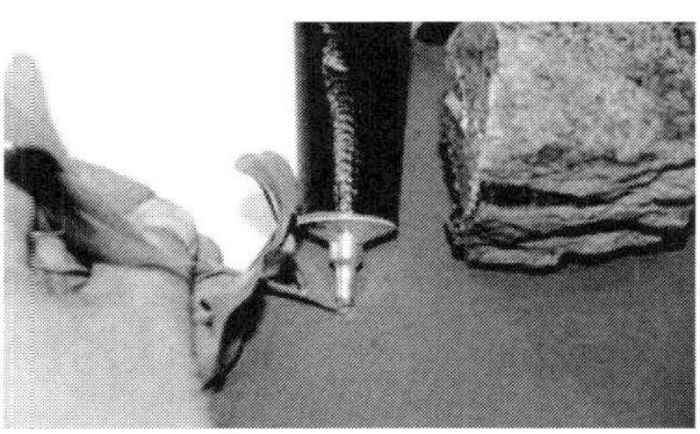

Danach kannst du die drei Figuren halbrund um das Jesuskind anordnen und auf das Brett kleben.

FENSTERSCHMUCK: KERZEN-CD

leicht

ca. 15 - 30 Min.

alte CD
weißes Papier (120 g)
grünen Fotokarton
Streichhölzer
Bindfaden
Farbstifte
Schere
Klebestift
Tesafilm

Müll = keine Kosten!
unter 1 Euro für Papier

Weihnachten für alle - damit du deine Nachbarn mit in die Weihnachtszeit nehmen kannst!

Step by Step - so geht's

Sicherlich hast du noch ein paar alte CDs, für die du keine Verwendung mehr hast. Hier bekommst du die Gelegenheit, sie noch einmal sinnvoll einzusetzen!

1. Kopiere dir die Kerze und die Schleife von der Kopiervorlage (Seite 35) auf das weiße Papier, schneide sie aus und male sie an. Du kannst beides natürlich auch auf farbiges Papier kopieren.

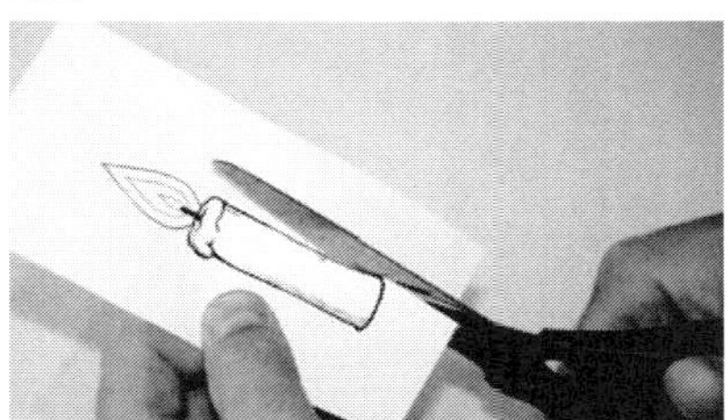

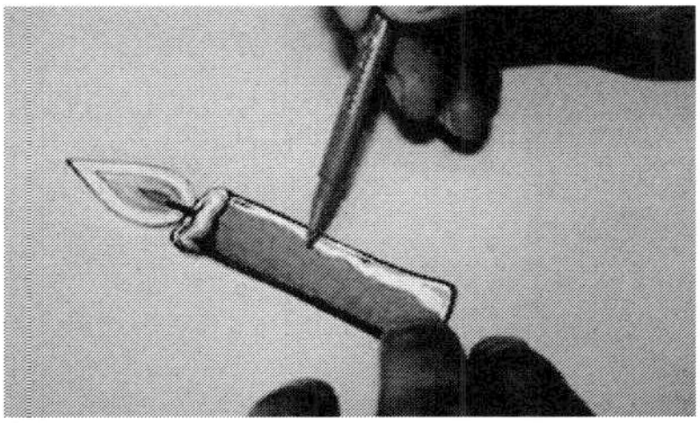

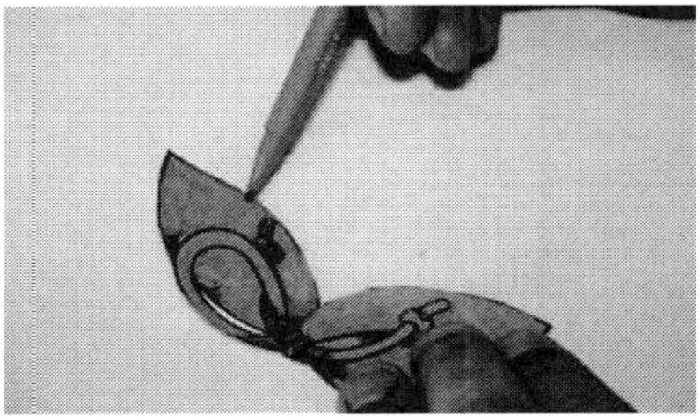

Mann kann auch aus vier solcher Kerzen-CDs einen Adventskranz gestalten, wenn man sie seitlich aneinanderklebt.

2. Klebe mit Hilfe des Tesafilms den Bindfaden auf eine Seite der CD.

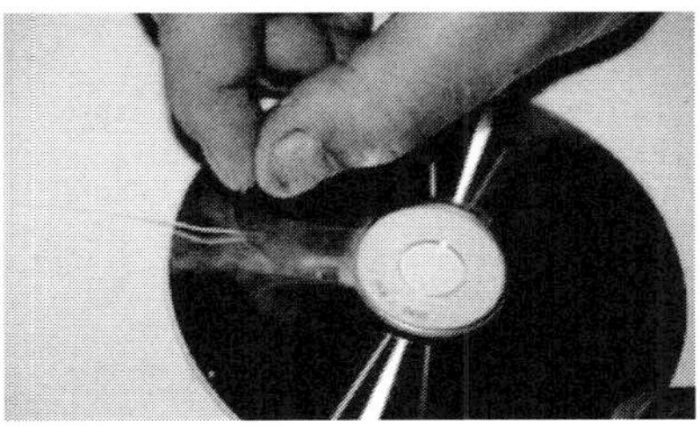

3. Klebe nun Kerze und Schleife auf die CD. Die Kerze sollte den Tesafilm überdecken.

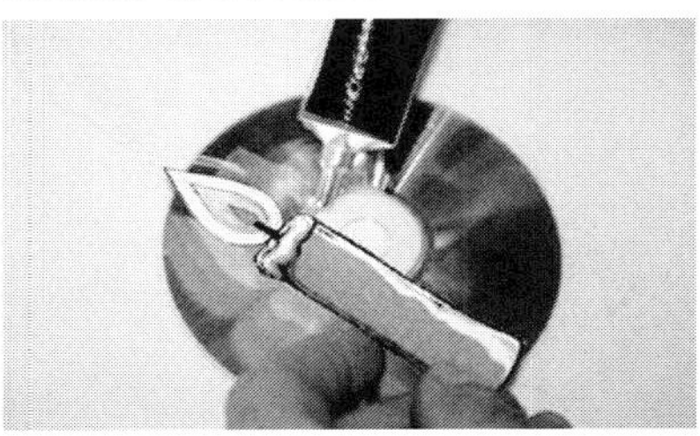

4. Jetzt kannst du dir die Streichhölzer nehmen und die Köpfe abschneiden. Danach klebst du sie von der Mitte aus zum Außenrand zeigend auf der CD fest. Wenn du möchtest, kannst du auch die Hölzer farbig anmalen.

5. Zuletzt legst du eine CD auf grünen Fotokarton und umrandest sie mit einem Stift. Danach schneidest du den Kreis aus und klebst ihn auf die Rückseite der Kerzen-CD.

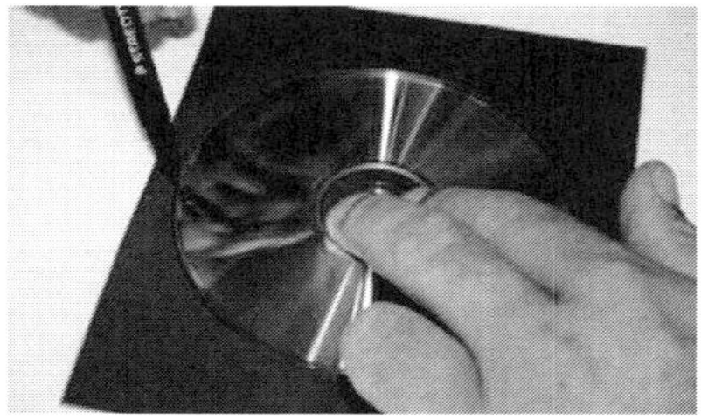

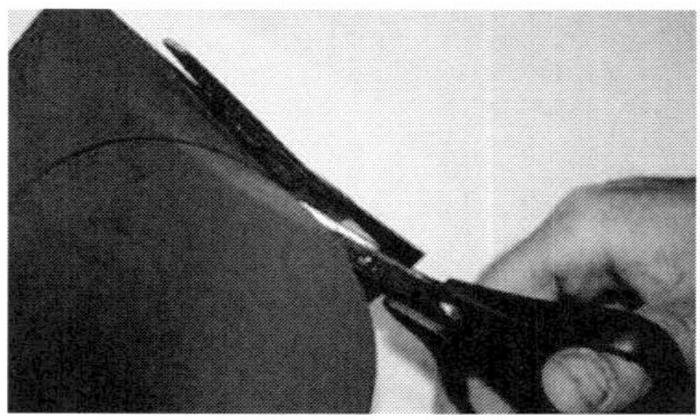

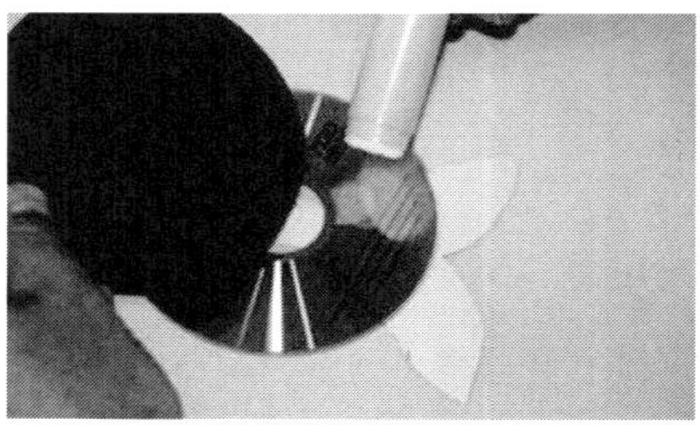

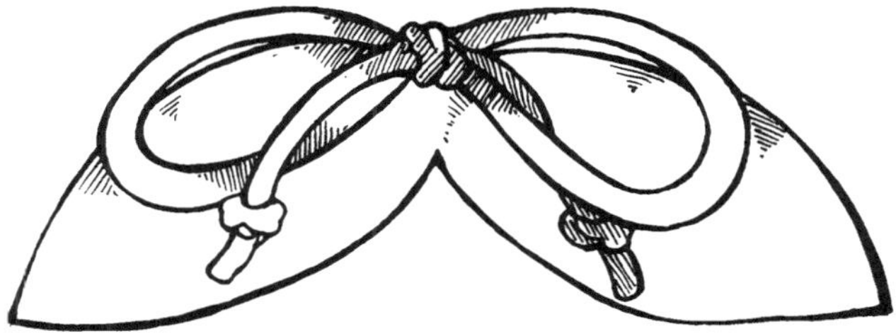

SERVIETTENRINGE

So kannst du dem festlichen Heilig-Abend-Tisch noch mal eine ganz besondere Note geben!

leicht

ca. 15 - 30 Min.

Toilettenpapierrollen
weißes Papier (120 g)
verschiedenfarbige Dispersionsfarbe
Farbstifte
Cutter
Schere
Flüssigkleber

Müll = keine Kosten!
unter 1 Euro für Papier und Farbe

Step by Step - so geht's

Jeder Mensch braucht Toilettenpapier, deswegen wird es für dich ein Leichtes sein, von Bekannten und Freunden alte Toilettenpapierrollen zu bekommen! Je nach dem, wie viele Personen am Tisch sitzen, so brauchst du auch die entsprechende Anzahl an Rollen.

1. Als Erstes schneidest du die Toilettenpapierrollen mit dem Cutter in die benötigte Länge.

Achtung: Verletzungsgefahr durch den Cutter!

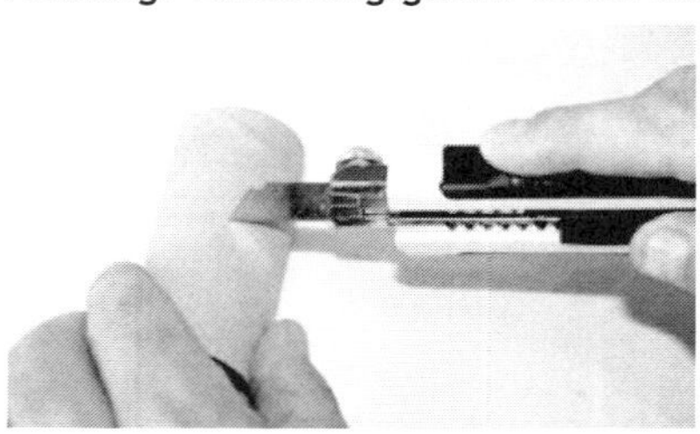

2. Danach malst du die Rollen (je nach gewähltem Motiv) rot, grün oder blau an.

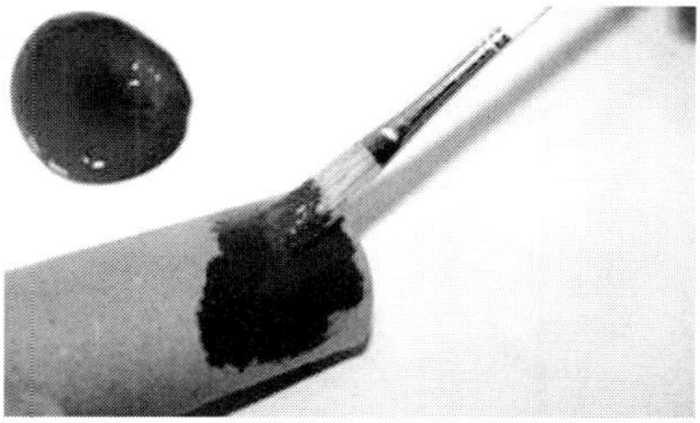

Für die Gestaltung der Serviettenringe sind dir natürlich keine Grenzen gesetzt. Wenn du möchtest, kannst du auch die Vorlagen aus den anderen Kapiteln nutzen!

3. Kopiere dir eines der Motive von der Kopiervorlage (Seite 38) auf das weiße Papier und male es aus. Danach schneidest du es aus.

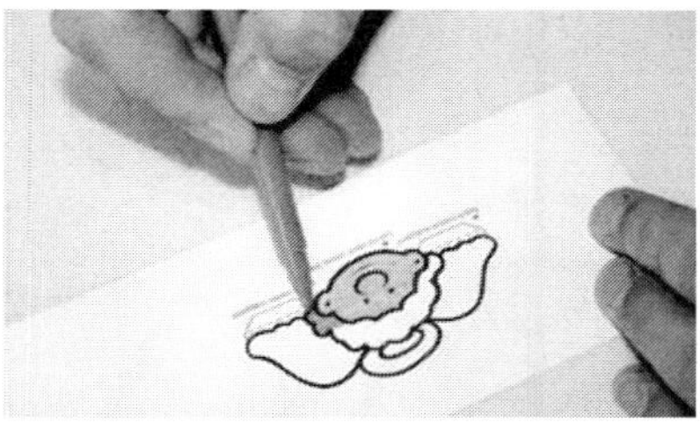

4. Befestige nun das Motiv an der nach hinten geklappten Lasche mit Kleber oben an der Rolle.

Nach hinten klappen!

Nach hinten klappen!
Nach hinten klappen!
Leicht nach vorne biegen!

Nach hinten klappen!

GESCHENKE UND KLEINE AUFMERKSAMKEITEN

In diesem Kapitel wirst du so einiges finden,
womit du anderen Menschen eine Freude machen kannst.

Wir bekommen so oft Geschenke,
die einen Charakter von „Krimskrams“ haben und dann
früher oder später im Müll landen.

Wir basteln jetzt Geschenke aus Wegwerfartikeln,
die für den Beschenkten sicherlich höher von Wert sind!

GESCHENKBOX

Eine kreative Geschenkpackung für dein Weihnachtsgeschenk!

mittel bis schwer

ca. 30 Min.

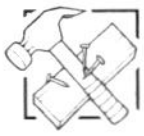

Milch-Tetrapak
buntes Bastelpapier (vielleicht auch weggeworfenes Weihnachtskatalogpapier oder Geschenkpapier)
Bleistift
Lineal
Cutter
Schere
Klebestift
Lochzange

Müll = keine Kosten!
unter 1 Euro für buntes Papier

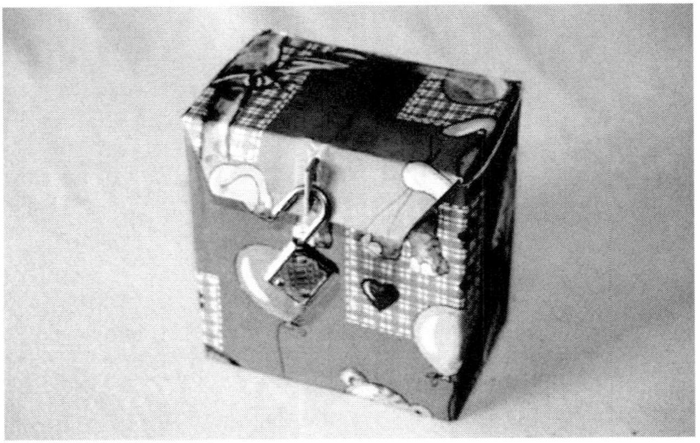

Step by Step - so geht's

1. Besorge dir ein Milch-Tetrapak. Schneide mit dem Cutter die Packung etwa zur Hälfte auf. Aber: Schneide nur die vordere, linke und rechte Seite! Die hintere Seite bleibt stehen. Nun kann man den oberen Teil wegklappen.
Achtung: Verletzungsgefahr durch den Cutter!

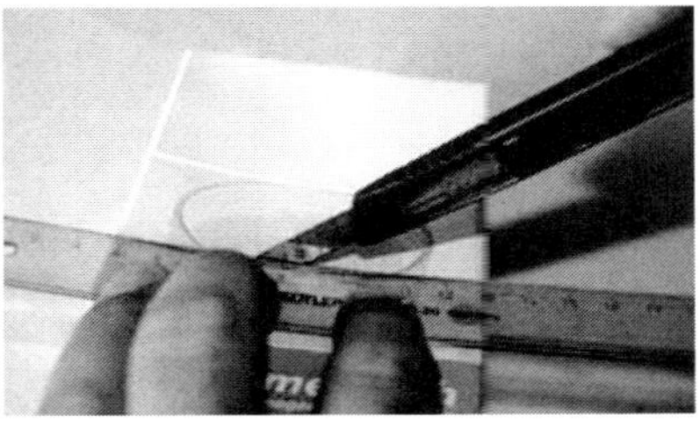

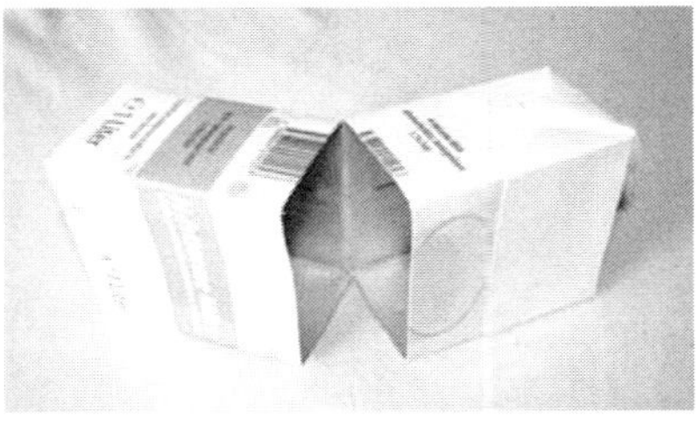

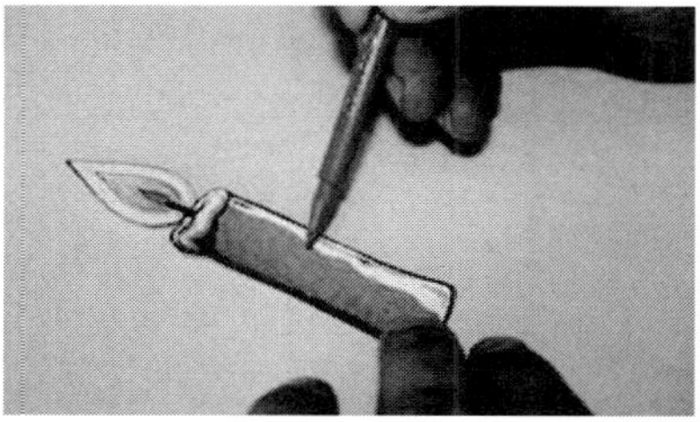

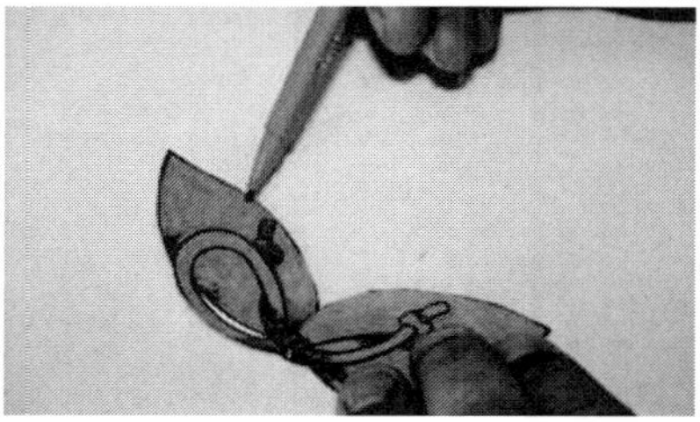

Mann kann auch aus vier solcher Kerzen-CDs einen Adventskranz gestalten, wenn man sie seitlich aneinanderklebt.

2. Klebe mit Hilfe des Tesafilms den Bindfaden auf eine Seite der CD.

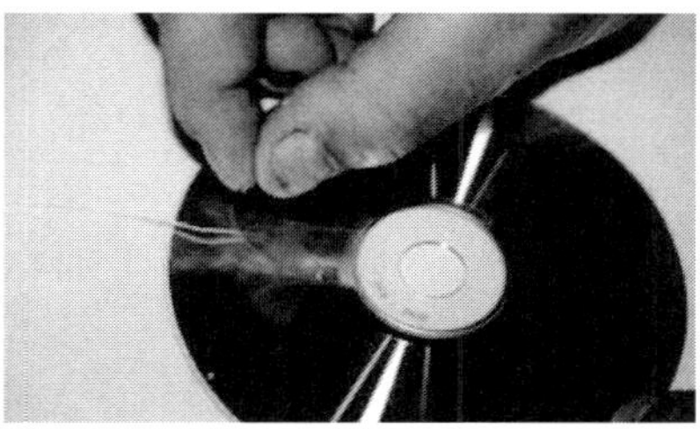

3. Klebe nun Kerze und Schleife auf die CD. Die Kerze sollte den Tesafilm überdecken.

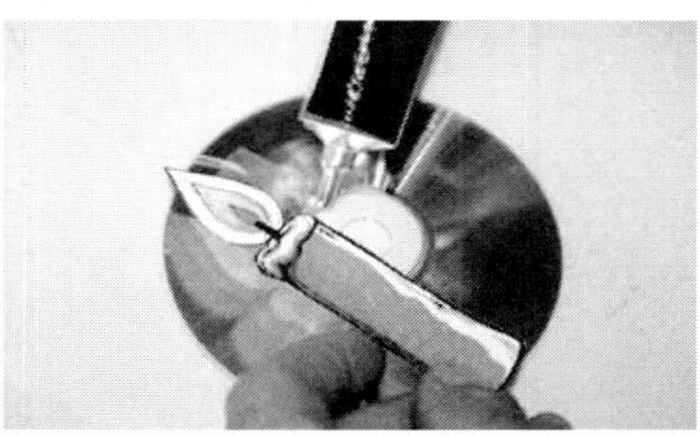

4. Jetzt kannst du dir die Streichhölzer nehmen und die Köpfe abschneiden. Danach klebst du sie von der Mitte aus zum Außenrand zeigend auf der CD fest. Wenn du möchtest, kannst du auch die Hölzer farbig anmalen.

5. Zuletzt legst du eine CD auf grünen Fotokarton und umrandest sie mit einem Stift. Danach schneidest du den Kreis aus und klebst ihn auf die Rückseite der Kerzen-CD.

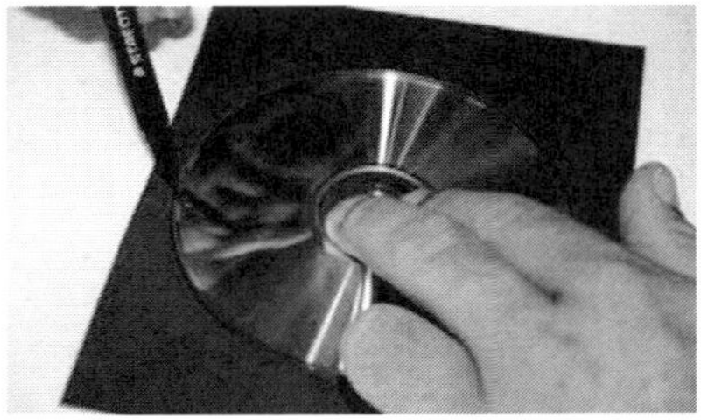

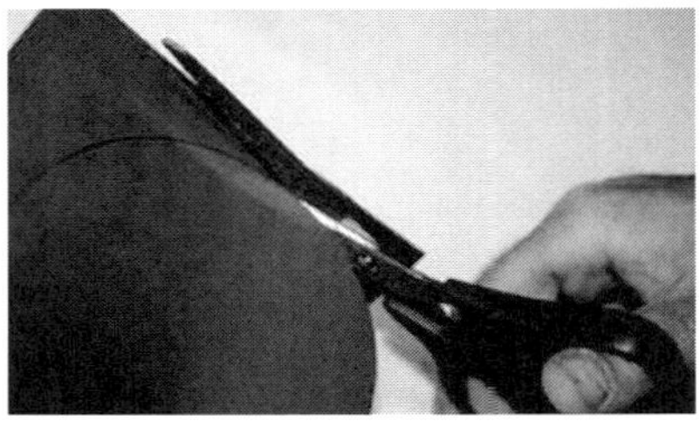

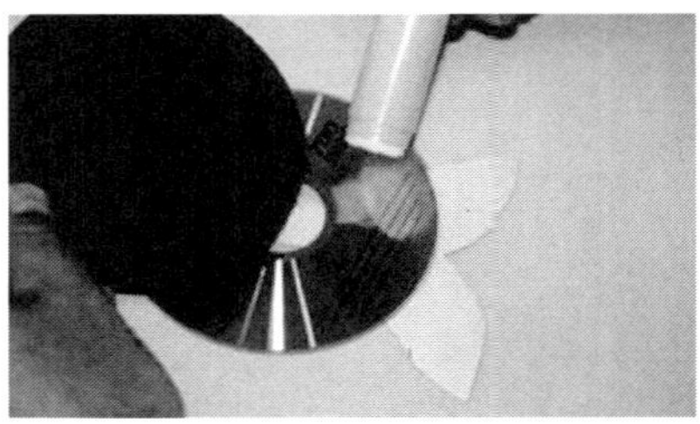

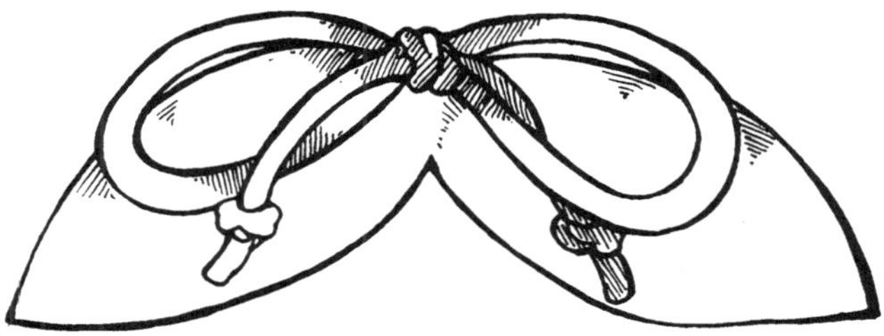

SERVIETTENRINGE

So kannst du dem festlichen Heilig-Abend-Tisch noch mal eine ganz besondere Note geben!

leicht

ca. 15 - 30 Min.

Toilettenpapierrollen
weißes Papier (120 g)
verschiedenfarbige Dispersionsfarbe
Farbstifte
Cutter
Schere
Flüssigkleber

Müll = keine Kosten!
unter 1 Euro für Papier und Farbe

Step by Step - so geht's

Jeder Mensch braucht Toilettenpapier, deswegen wird es für dich ein Leichtes sein, von Bekannten und Freunden alte Toilettenpapierrollen zu bekommen! Je nach dem, wie viele Personen am Tisch sitzen, so brauchst du auch die entsprechende Anzahl an Rollen.

1. Als Erstes schneidest du die Toilettenpapierrollen mit dem Cutter in die benötigte Länge.

Achtung: Verletzungsgefahr durch den Cutter!

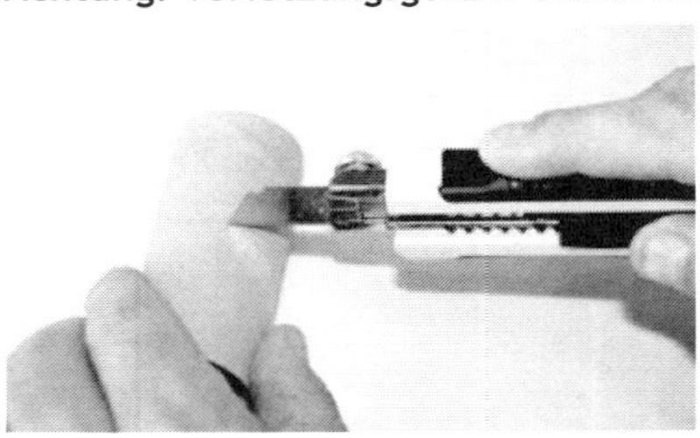

2. Danach malst du die Rollen (je nach gewähltem Motiv) rot, grün oder blau an.

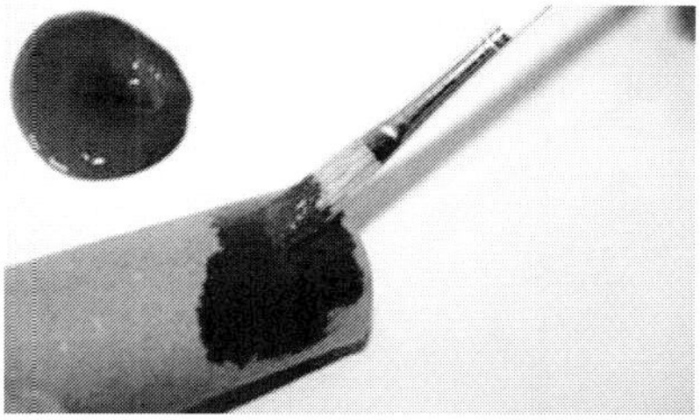

3. Kopiere dir eines der Motive von der Kopiervorlage (Seite 38) auf das weiße Papier und male es aus. Danach schneidest du es aus.

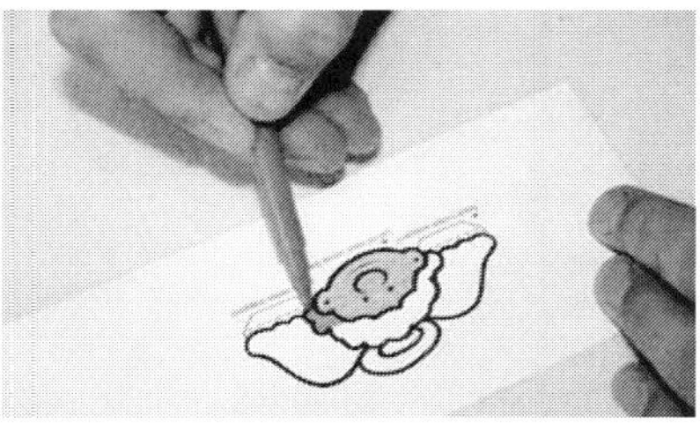

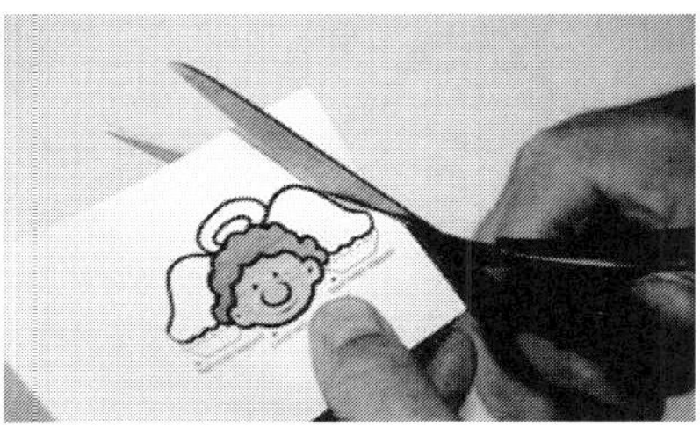

4. Befestige nun das Motiv an der nach hinten geklappten Lasche mit Kleber oben an der Rolle.

Für die Gestaltung der Serviettenringe sind dir natürlich keine Grenzen gesetzt. Wenn du möchtest, kannst du auch die Vorlagen aus den anderen Kapiteln nutzen!

Nach hinten klappen!

Nach hinten klappen!
Leicht nach vorne biegen!
Nach hinten klappen!

Nach hinten klappen!

GESCHENKE UND KLEINE AUFMERKSAMKEITEN

In diesem Kapitel wirst du so einiges finden,
womit du anderen Menschen eine Freude machen kannst.

Wir bekommen so oft Geschenke,
die einen Charakter von „Krimskrams“ haben und dann
früher oder später im Müll landen.

Wir basteln jetzt Geschenke aus Wegwerfartikeln,
die für den Beschenkten sicherlich höher von Wert sind!

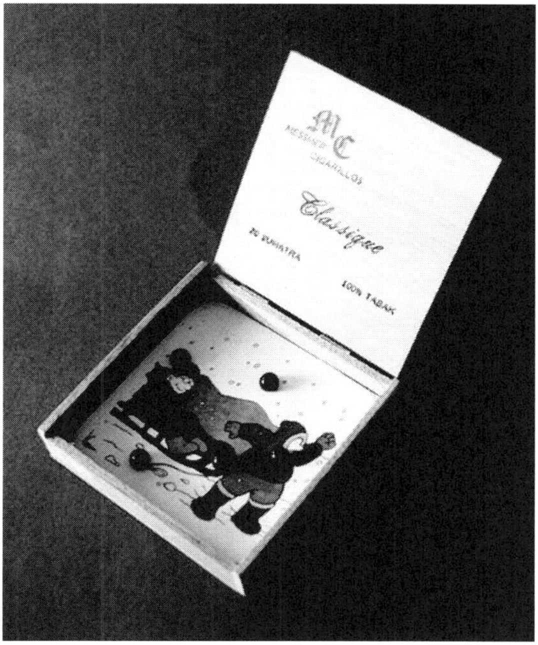

GESCHENKBOX

Eine kreative Geschenkpackung für dein Weihnachtsgeschenk!

mittel bis schwer

ca. 30 Min.

Milch-Tetrapak
buntes Bastelpapier (vielleicht auch weggeworfenes Weihnachtskatalogpapier oder Geschenkpapier)
Bleistift
Lineal
Cutter
Schere
Klebestift
Lochzange

Müll = keine Kosten!
unter 1 Euro für buntes Papier

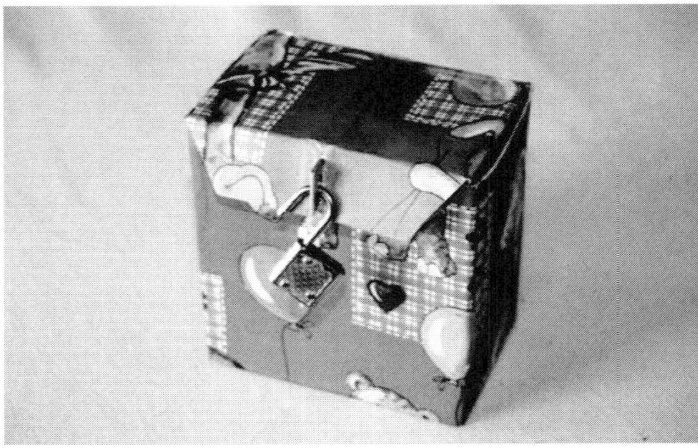

Step by Step - so geht's

1. Besorge dir ein Milch-Tetrapak. Schneide mit dem Cutter die Packung etwa zur Hälfte auf. Aber: Schneide nur die vordere, linke und rechte Seite! Die hintere Seite bleibt stehen. Nun kann man den oberen Teil wegklappen.
Achtung: Verletzungsgefahr durch den Cutter!

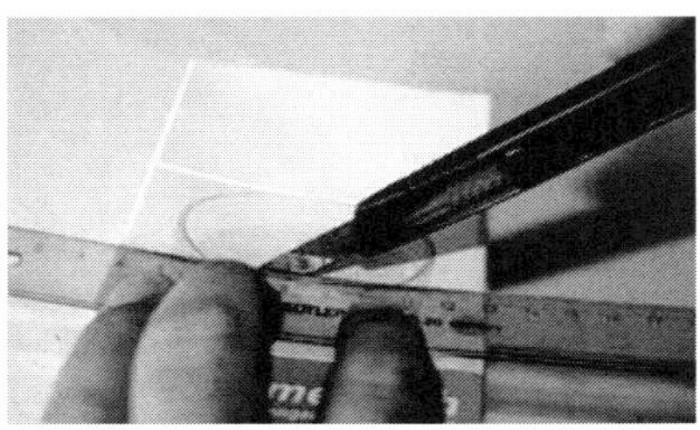

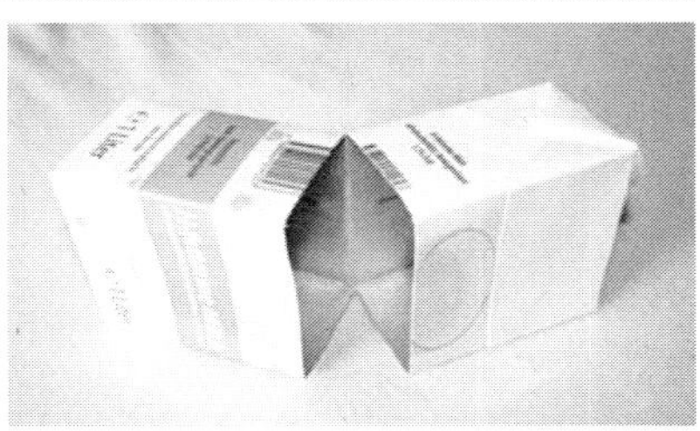

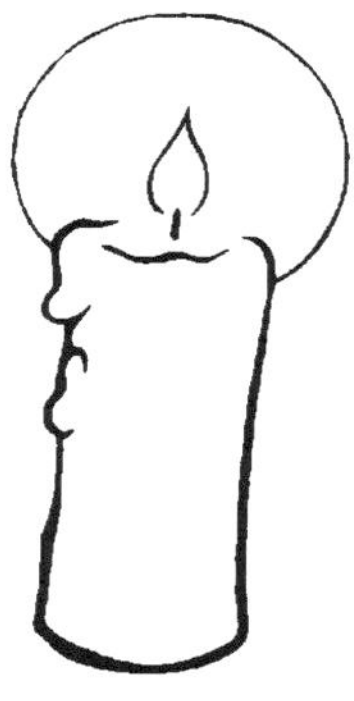

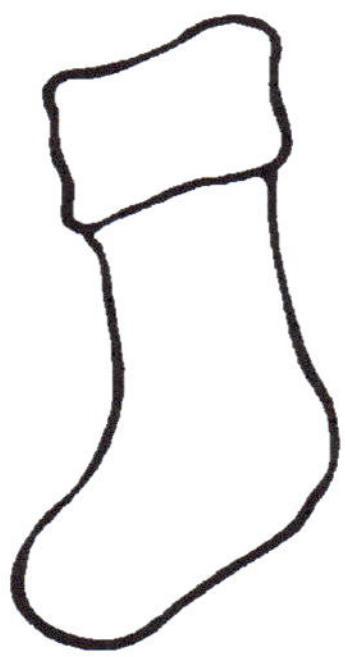

WEIHNACHTSMEMORY

Super geeignet, um einem Freund, einem Klassenkameraden oder einem Kollegen eine kleine Freude zu machen!

leicht

ca. 30 Min.

Bierdeckel
weißes Papier (120 g)
evtl. buntes Papier,
Weihnachtspapier o. Ä.
Zigarrenkiste
Abtönfarbe
Malstifte
Schere
Klebestift

Müll = keine Kosten!
unter 1 Euro für Farbe und Papier

Step by Step - so geht's

Bierdeckel gibt es in jedem Restaurant. Viele Bedienungen nutzen die Deckel, um Strichlisten für die Getränke zu führen, danach werden sie weggeworfen. Frag doch einfach mal den Wirt, ob du einige seiner alten Deckel haben kannst!

1. Such dir die schönsten Bierdeckel heraus. Beklebe die Unterseite der Deckel mit buntem Papier oder bemale sie mit beliebiger Abtönfarbe.

2. Jetzt kopiere dir die Vorlagen (Seite 53-59) auf weißes Papier (120 g). Schneide sie etwas größer als der Bierdeckel aus. Bedenke, dass du jedes Motiv zweimal benötigst!

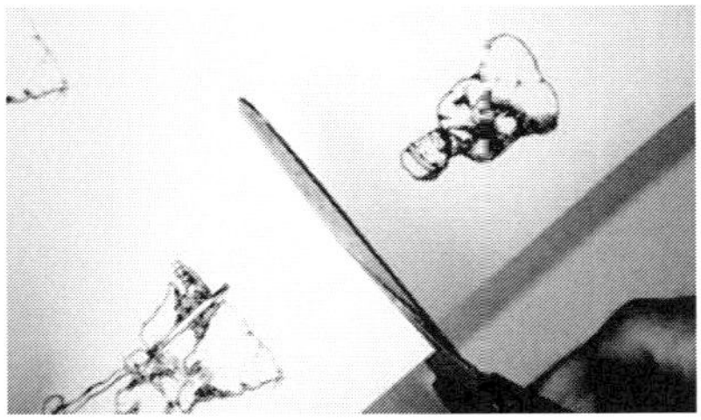

Du kannst die Memorybilder auch auf andere Wegwerfartikel kleben, z.B. auf Kronkorken, Filmdosendeckel, Zahnpastadeckel usw.

3. Wenn die Bierdeckel getrocknet sind, klebst du die Bilder mittig auf die Deckel auf. Du kannst sie noch ausmalen.

Die überstehenden Ränder kannst du nun abschneiden.

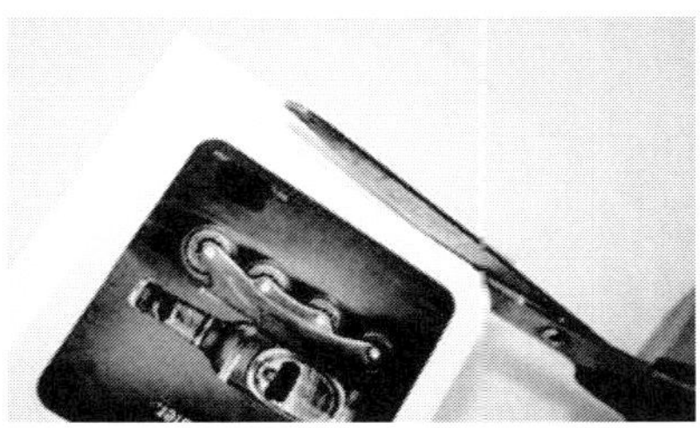

4. Zuletzt benötigst du eine Zigarrenkiste, die du in einem Tabakwarenladen vielleicht sogar geschenkt bekommst. Wenn die Kiste kleiner als die Bierdeckel ist, dann schneide die Deckel auf die Größe der Kiste zu

Nun kannst du die Kiste attraktiv gestalten. Entweder du bemalst sie mit Dispersionsfarbe, oder du beklebst sie mit dekorativen Weihnachtsbildern. Zuletzt kannst du das Memory in die Kiste packen und einen Namen oder eine Botschaft auf den Deckel schreiben.

Memory-Motive (in Originalgröße für Bierdeckel)

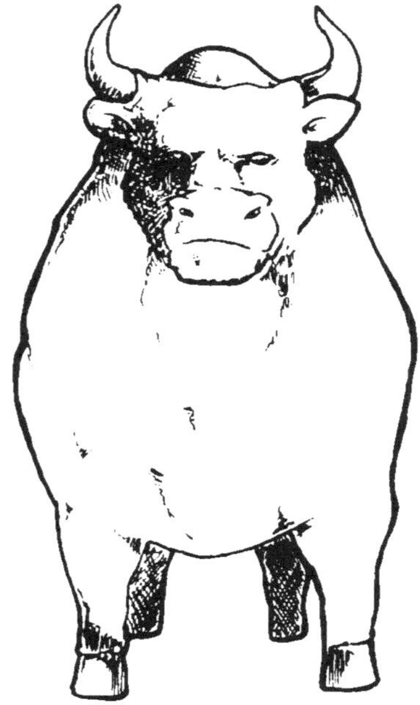

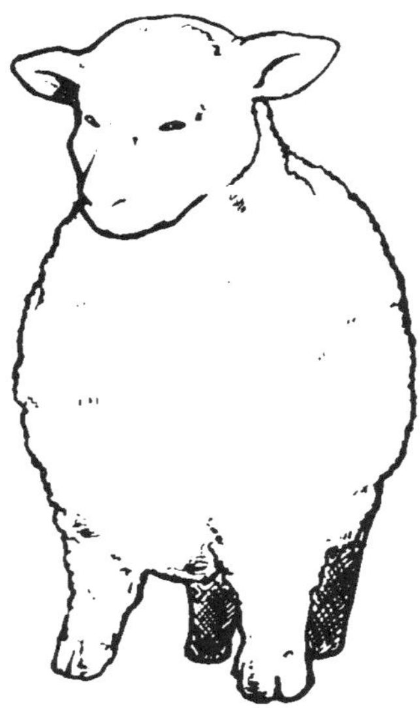

GESCHICKLICHKEITSSPIEL

Damit kann man das Warten bis zur Bescherung versüßen!

mittel

ca.
30 - 45 Min.

Zigarrenkiste
Bierdeckel oder dicker Karton (2 bis 3 mm)
weißes Papier (120 g)
buntes Papier zum Bekleben
Schere
Lochzange
Malstifte
Flüssigkleber
kleine Kugeln

Müll = keine Kosten!
unter 1 Euro für die Pappe

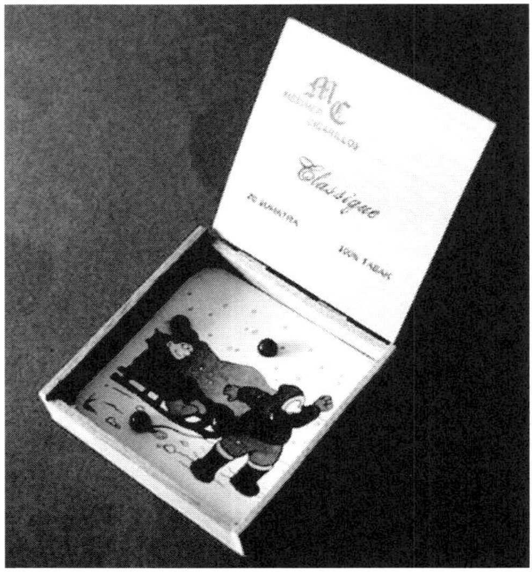

Step by Step - so geht's

Du benötigst eine Zigarrenkiste, die du in einem Tabakwarenladen sicher geschenkt bekommst. Frag einfach mal beim Laden um die Ecke nach! Vielleicht hebt man dir auch einige auf, die du später zum Basteln noch verwenden kannst.

1. Als Erstes bemalst oder beklebst du die Kiste ganz nach deinem Geschmack.

2. Nachdem die Kiste fertig gestellt ist, brauchst du einen Bierdeckel oder dicken Karton (2 bis 3 mm).

Schneide ihn auf die Größe der Innenfläche der Zigarrenkiste zu.

3. Jetzt kopiere dir die Vorlage (Seite 62) auf das weiße Papier (120 g) und klebe sie auf den Bierdeckel (bzw. Karton). Die Ränder kannst du seitlich abschneiden. Das Bild kannst du anschließend ausmalen.

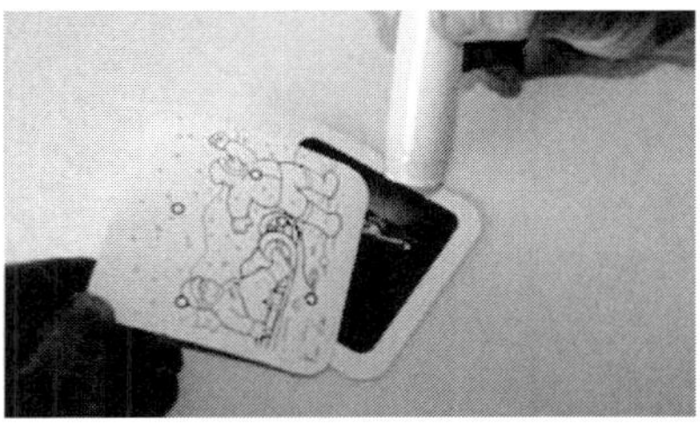

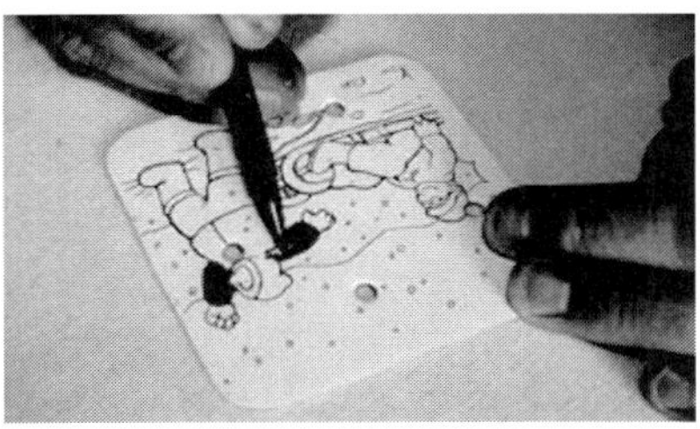

4. Jetzt kommt die Lochzange dran: An verschiedenen Stellen stanzt du Löcher in das Motiv (auf der Vorlage sind fünf Punkte eingezeichnet).

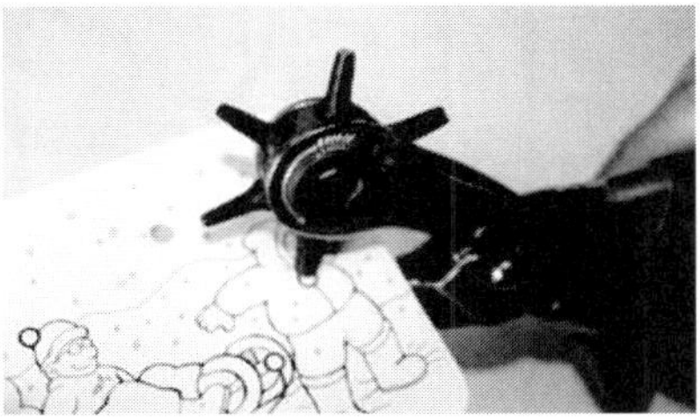

Das Motiv für die Innenfläche kannst du auch selbst gestalten. Auch die Kiste selbst kannst du ganz individuell gestalten. Es gibt große und kleine Zigarrenkisten. Du kannst das Ganze auch etwas größer anfertigen!

5. Befestige nun den Bierdeckel bzw. Karton mit dem Kleber innen an den Rändern der Kiste. Achte darauf, dass du nicht zu viel Kleber verwendest, sonst läuft er über das Bild.

6. Nun legst du die Kugeln in die Kiste. Schaffst du es, die Kugeln in die Löcher zu rollen?

Bildvorlage (Größe für einen Bierdeckel)

NIKOLAUSSTIEFEL

Hast du schon ein Geschenk zum Nikolaustag?

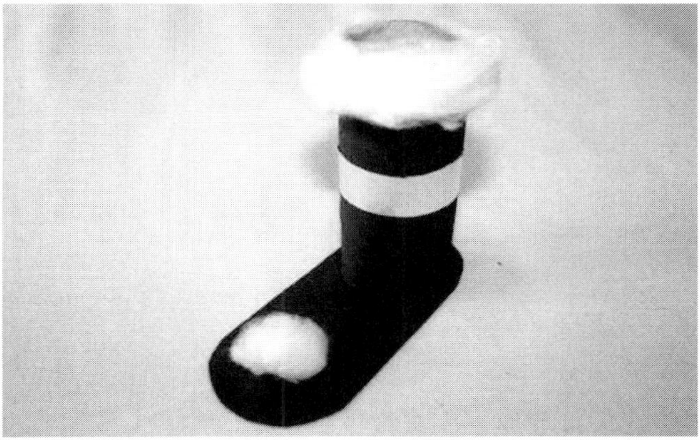

leicht

ca.
15 - 30 Min.

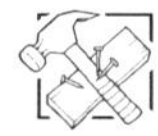

Toilettenpapierrollen
rote Dispersionsfarbe
roter Fotokarton
Alufolie
Watte
Bleistift
Lineal, evtl. Zirkel
Schere
Flüssigkleber

Müll = keine Kosten!
unter 1 Euro für Pappe, Watte und Farbe

Step by Step - so geht's

Vom Serviettenringbasteln hast du sicher noch Toilettenpapierrollen übrig. Hier eine tolle Idee für die Nikolausüberraschung:

1. Als Erstes bemalst du die Toilettenrolle mit roter Farbe.

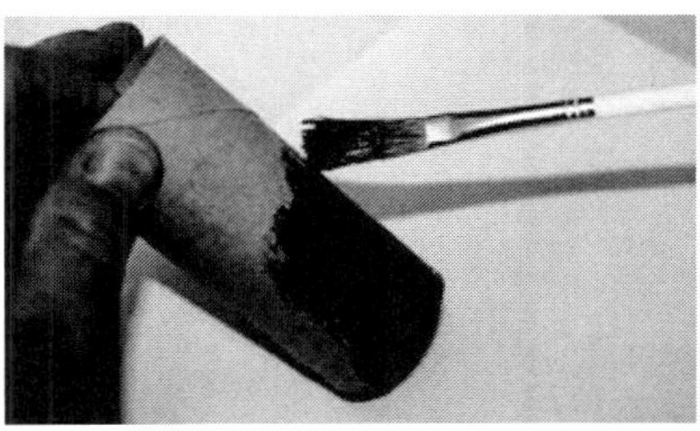

2. Danach zeichnest du ein Rechteck mit halbrunden Kreisen an den Enden auf den roten Fotokarton und schneidest ihn aus. So könnte die Form aussehen:

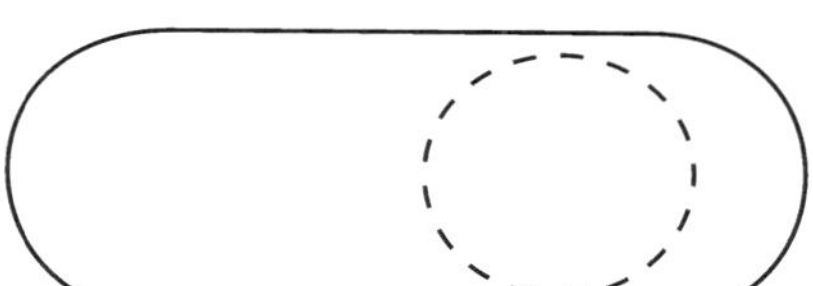

3. Der gestrichelte Kreis zeigt die Position, wo die Toilettenrolle aufgeklebt werden soll. Klebe die Rolle hochkant auf diese markierte Position. Verwende wenig Kleber, sonst gibt es unschöne Klebespuren!

Gerade bei der Befüllung kannst du richtig kreativ werden!

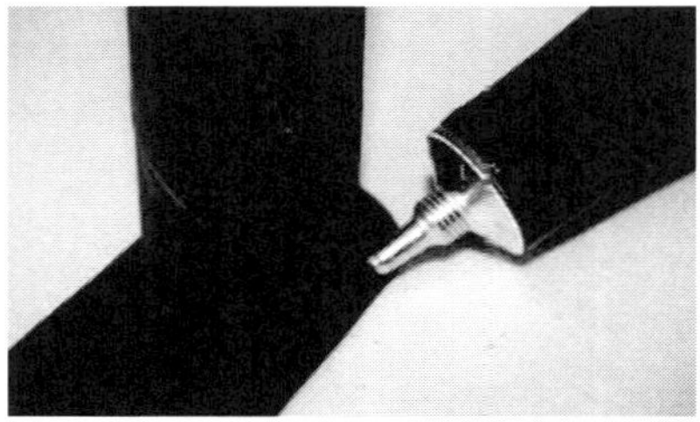

4. Schneide aus Alufolie einen Streifen heraus. Klebe danach den Streifen mittig um die Rolle herum.

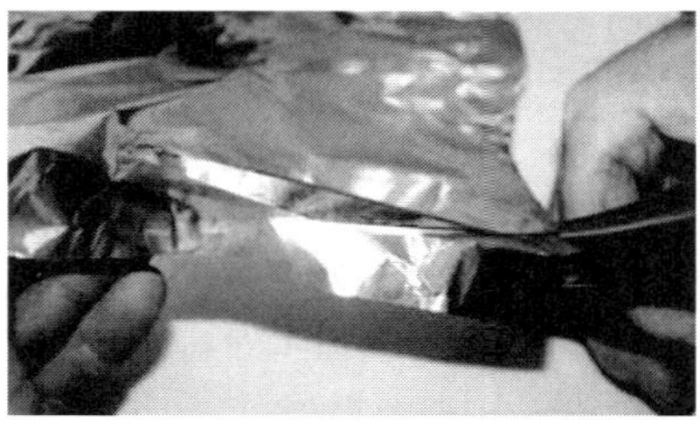

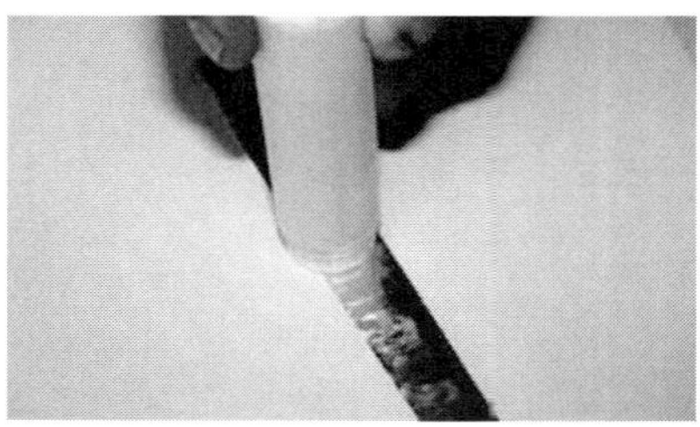

5. Nun reibe zwischen deinen Händen die Watte zu einer Kugel. Anschließend klebst du sie auf die „Fußzehen“. Für den oberen

Rand der Rolle fertige aus Watte eine „Wurst", die du oben herum mit Kleber befestigst.

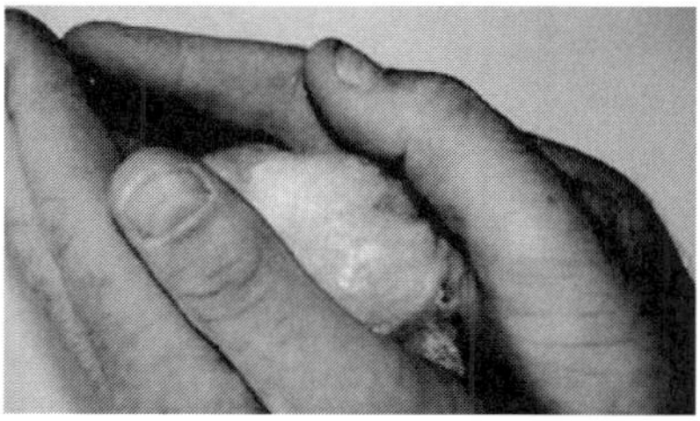

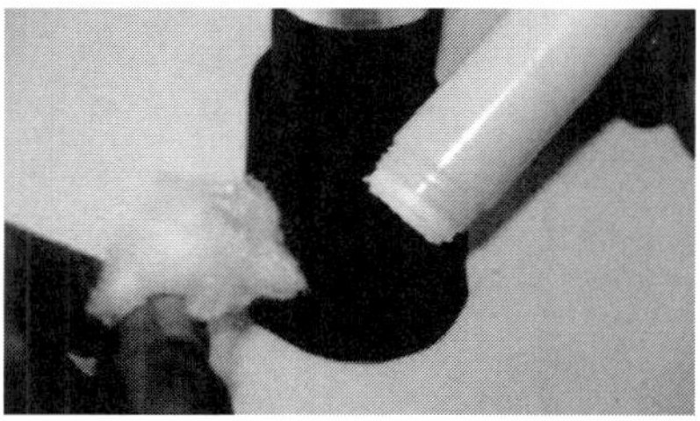

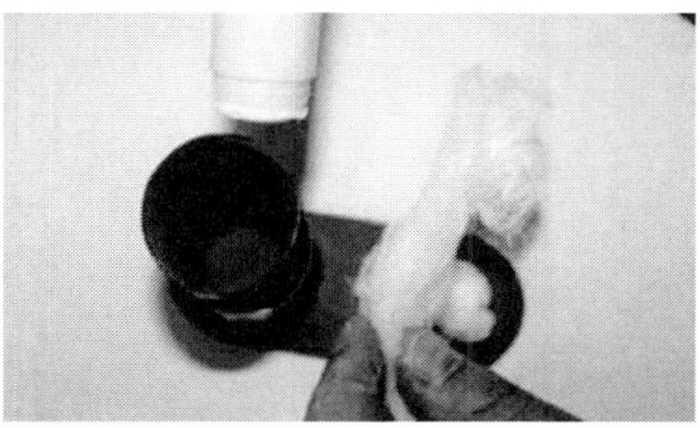

ADVENTSKALENDER

In diesem Kapitel geht es um den Bastelklassiker
in der Vorweihnachtszeit: den Adventskalender

Es geht nichts über einen selbst gebastelten Adventskalender,
nichts kann man so sehr mit seiner persönlichen Marke gestalten!

Auch aus Müll? Na klar!
Hier findest du zwei Vorschläge für zwei sagenhafte Kalender.

ADVENTSPUZZLE

Lass den Advent puzzeln!

mittel

ca. 30 - 45 Min.

25 Streichholzschachteln
weißes Papier (120 g)
Malstifte
Schere
Klebestift

Müll = keine Kosten!
unter 3 Euro für Papier und Streichholzschachteln

Step by Step - So geht's:

1. Entscheide dich für eine der Motivvorlagen (Seite 70-75), kopiere die Vorlage auf weißes Papier (120 g) und male das Bild aus.

2. Schneide nun an den Außenlinien entlang das Bild aus und dann mithilfe der anderen Linien in 25 Teile auseinander.

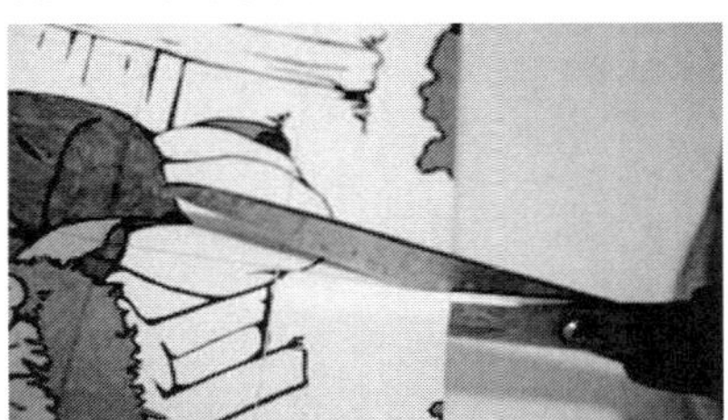

3. Klebe die Bilder auf die Streichholzschachteln.

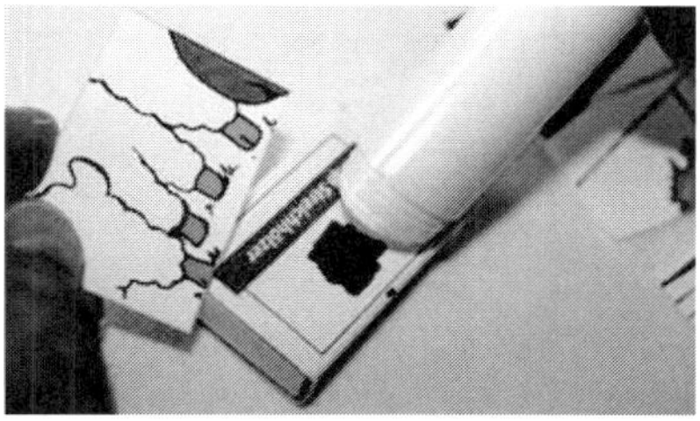

4. Nun kannst du die Schachteln mit kleinen Überraschungen befüllen.

Geeignet dafür sind:
Bonbons
Radiergummi
Spitzer
Murmeln
Schlüsselanhänger
und vieles mehr ...

Das Puzzle ist nun fertig. Probiere es mal selbst aus: Es macht richtig Spaß!

Du kannst auch auf das vorgegebene Raster ein eigenes Bild malen!
Du kannst eine weitere Motivvorlage auch auf die Rückseite des Puzzles kleben, so hast du zwei Möglichkeiten.

Vorlage Adventskalenderpuzzle „Krippe“

PUZZLE DIR
DEN ADVENT

Vorlage Adventskalenderpuzzle „Nikolausschlitten“

PUZZLE DIR
DEN ADVENT

Vorlage Adventskalenderpuzzle „Tannenbaum“

SCHUBLADEN-ADVENTSKALENDER

leicht bis mittel

ca. 30 - 45 Min.

24 Streichholzschachteln
Fotokarton (rot, grün und weiß)
weißes Papier (120 g)
Malstifte
wasserfester Stift
Schere
Klebestift
Flüssigkleber

Müll = keine Kosten!
unter 3 Euro für Pappe und Streichholzschachteln

Damit kann man jemandem eine tolle Freude machen!

Step by Step - so geht's

Sammle alte Streichholzschachteln. Achte dabei darauf, dass sie noch ansehnlich aussehen.

1. Klebe zwei „Türme" mit je zwölf Schachteln übereinander. Die beiden „Türme" klebst du anschließend seitlich aneinander.

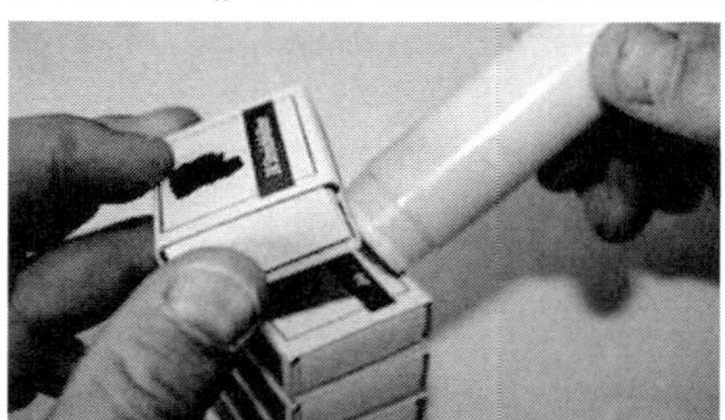

2. Klebe seitlich um die Schachtel herum grünen Fotokarton.

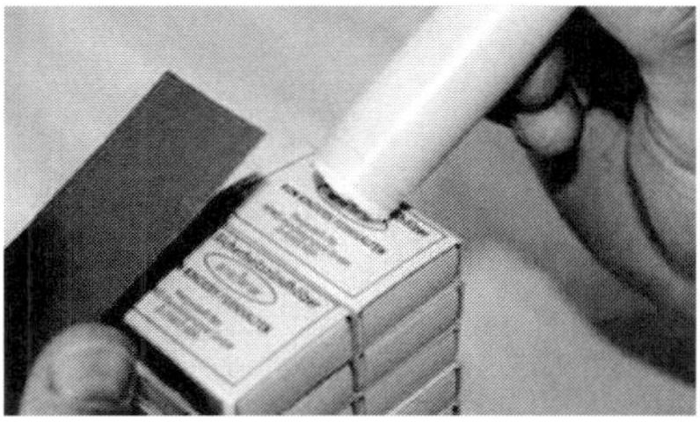

3. Auf die Streichholzschachtelschubladen schreibst du vorne die Nummern von 1 bis 24 mit schöner Schrift (wasserfester Stift).

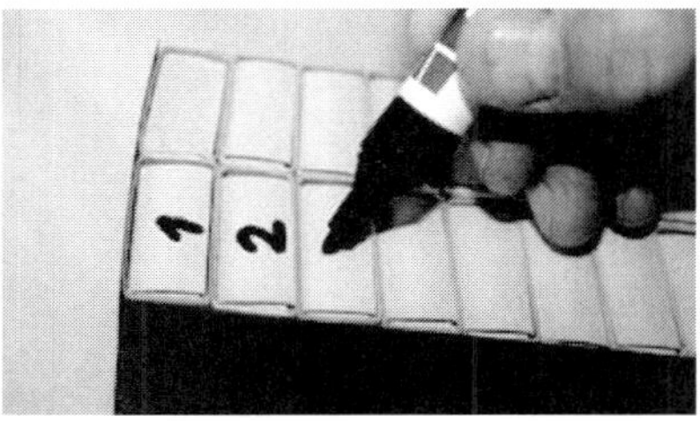

4. Jetzt kannst du zwei rote Füße in der Breite der Streichholzschachteln ausschneiden und unter das „Schubladenregal“ kleben.

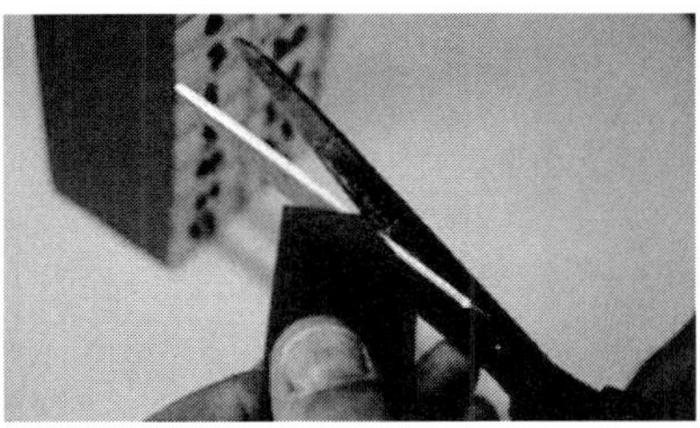

5. Nun kommen wir zum Körper des Weihnachtsmannes: Kopiere dir den Weihnachtsmann von der Kopiervorlage (Seite 66) auf weißen Karton, male ihn an und schneide ihn aus.

Du kannst dem Weihnachtsmann noch einen Jutesack an die Seite kleben für ein kleines Extrageschenk!

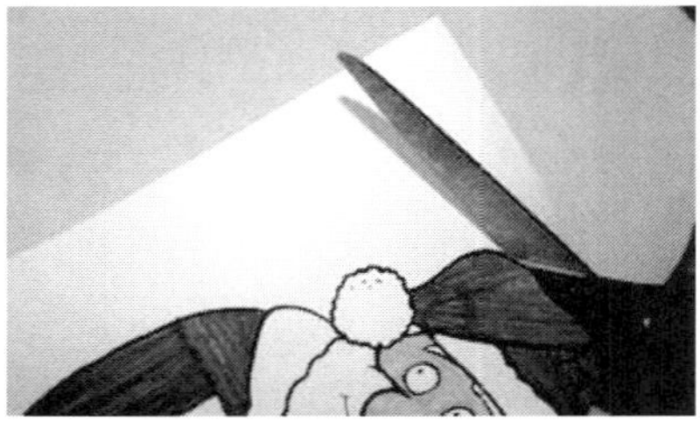

6. Zuletzt kannst du den Weihnachtsmann über das „Schubladenregal“ stülpen und mit einzelnen Klebepunkten befestigen. Nun ist der Adventskalender fertig und du kannst ihn z.B. mit Leckereien oder kleinen Geschenken befüllen.